やわらかい自我のつぼみ

●3歳になるまでの発達と「1歳半の節」●

文・写真 白石正久
SHIRAISHI Masahisa

プロローグ

発達という長い旅路を ともに歩む同伴者として

私たちは、どんな道を歩いてここまで来たのでしょう。人間の発達は、長い旅路だと思います。生まれて間もなくはクルマで運んでもらって、子どもは車窓から世界をながめているだけかもしれません。しかし、そうではあっても世界をながめ、感じ、そしてもっともっと外の世界を知ろうとするようになっていきます。クルマのなかではありますが、自分の足で歩くための練習もはじめることでしょう。

　やがて、車中ではつまらなくなって地面に降り立ったならば、そこからつづく道はけっして平坦ではありません。やがて山道にさしかかり、汗水流して上り、ときどきは歩みをとめざるをえず、それでも喘（あえ）ぎつつ上り、やっとの思いで踏み出した最後の一歩から、急に新しい景色が開けてきます。その高原の道は、しばらく美しい景色を楽しませてくれるのですが、何か物足りないものを感じはじめたときに、また立ちはだかる峰が見えてきます。そしてまた、喘ぎつつ上るのです。

　このようなことを何度くり返してきたのでしょう。平坦ではない道があり、また容易な道ではあっても思わぬところでつまずいて、心が折れてしまうこともありました。でも、そうであるからこそ、負けない強い心を少しずつ自分のものにすることができたのです。

*

　思い返せば、この長い旅路には、いつも同伴者がいました。本当にしんどいときだからこそ、その人の存在が必要であり、その叱咤激励（しったげきれい）が一歩を踏み出させてくれたこともあります。ひとりでながめるだけではつまらなかったろう景色を、いっしょにながめたからこそ、「美しい」と感じることもできたのだと思います。しかし、わけがあってひとりで歩きたくなることもありました。そうしていると、また新しい同伴者がほしくなったりするのです。

　この旅路に一応の地図はあるのですが、どう歩いたらよいのかはみえてきません。でも、行きつ戻りつしながら、ある時期から自分で地図が描けるようになってきたと思います。これから先の人生を、自分らしい地図に導かれながら、歩いていきたいものだと思います。

この旅路は、けっして高みに上ることが目的ではなく、見渡す限りのこの世界を、一度だけの人生において、深呼吸するように自分の心に吸い込むためにあるのではないでしょうか。

*

　さあ、その人生の旅路、そして人として生まれて人間になりゆく発達の道すじにおいて、私たちは、その道を歩きはじめた小さな子どもたちのどんな同伴者になれるでしょうか。ともに、その旅への扉を開いていきましょう。

ひとりで探検してみたいが、その道はさびしくて不安。だから、水筒の紐を噛んで歩こう。3歳児

■も く じ■

プロローグ　発達という長い旅路をともに歩む同伴者として ……………………… 3

第1章　発達をはぐくむ目と心 …………………………………… 9

◆子どもの権利条約 … 10

◆発達保障のねがいをもって … 11
　発達とは何か／「この子らを世の光に」

◆発達のしくみの理解 … 15
　発達の質的転換期／量的拡大から質的転換へ／発達の原動力としての内的矛盾／可逆操作とは何か／発達要求とは何か／「二分的な評価」や一面性を脱却する／普遍性と個別性を結びつけて

◆3歳になるまでの発達と「1歳半の発達の質的転換期」 … 25
　乳児期前半の大きな発達段階（階層）／乳児期後半の大きな発達段階（階層）／1歳半の発達の質的転換期／2歳、その矛盾に満ちた発達

第2章　やわらかい自我のつぼみ
　　　　　―3歳までの感情、自我、対人関係の発達 …………………… 65

◆子どもの思いを受けとめる … 66
　子どもの心へのまなざし／発達の危機と矛盾

◆自我の誕生するまで … 68
　「人を求めてやまない心」／思い通りにならない手とからだ／人見知りに潜む心／生後10か月ころ、人指し指が立ち上がり、「自分」が生まれる／揺れ動く心と「だだこね」／自我の芽生えと「○○ではない□□だ」／自我の誕生から拡大へ／「大きい自分になりたい」2歳児

◆こんなとき、どう考えたらよいのでしょう … 86
　人見知りが強い／「だだこね」への対応／〈わがまま〉になってしまう…／噛みつく子ども／保護者同士のトラブル／若い保育士とのコミュニケーション／テレビやゲームは制限すべき？

第3章　発達に障害のある子どもたちの「閉じた対」を解き放つ …… 99

◆「夜明け前の子どもたち」と「閉じた対」… 101
「ナベちゃん」を縛る紐／「ひとりのねがい」を「みんなのねがい」に

◆1969年、近江学園生活第1班の実践 … 106
指導の「ていねいさ」を問う／発達の基礎成分と集団のなかで発揮される「○○ではない□□だ」／発達の主人公とは／子どもを「かわいい」と思えるとき／子どもに本物の自己決定を

◆「閉じた対」と子どもの発達 … 116
要求を広い世界に開く／「閉じた対」をつくりやすい2つのこと／子どもにも大人にも精神の自由を／子どもと大人の心がキラキラ輝く職場の自由を

第4章　1歳半の子どもの発達診断
　　　──保育・教育や健診などで発達をみるしごとのために …… 123

◆「発達の検査」の課題 … 125
「発達スクリーニング」などで用いられる課題／飛躍しつつある発達の力をみるための課題

◆1次元可逆操作の獲得の過程の特徴 … 135
「発達スクリーニング」で用いられる課題によるステージの区分／1次元可逆操作の獲得の過程を検討する

◆自立した思考をもちはじめる1歳半の質的転換期 … 138

◆発達の障害を視野に入れた指導の課題 … 146

エピローグ　人と人との間で創り出す発達的自己肯定感 …… 149
ファインダーのなかで演じる子どもたち／「二分的な評価」をのりこえて／「嫌だよな、先生も嫌だよ」／はたらきかけるものがはたらきかけられる／子どもは自分を2度肯定する

【本書をお読みいただくために】

　本書は、3歳までの子どもの発達の道すじ、なかでも「1歳半の節」のたいせつさを解説するためのものです。保育、教育、家庭での育児にかかわるすべての人に、発達の基本をわかりやすく書こうと心がけました。

　自分で要求をもって考える力であり、他者とつながりつつ自分を調整する力でもある自我は、「1歳半の節」で生まれます。このとき、自我の誕生の力強さに大人は戸惑います。しかしきっと、その自我は、子どもとともに生きる喜びも大人にあたえてくれるでしょう。

＊

　本書は、次のような内容によって構成されます。
第1章：発達とは何か、3歳までの「発達の道すじ」はどうなっているのかを解説することを通じて、「大人のまなざし」として求められることを書きました。
第2章：第1章で解説した「発達の道すじ」をもう一度たどりつつ、発達の「やわらかい」部分である、感情、情動、自我、対人関係の発達に注目し、相互のつながりを見失わないように解説しました。つづいて、自我の誕生のときの大人の戸惑いを例示し、子どもとの向き合い方だけではなくて、大人の労働や職場集団のあり方も考えました。きっとそれは、大人の創り出している社会のありようを反省的にみつめるきっかけにもなると思います。
第3章：発達に障害がある場合に、指導者の側がおちいりやすい問題を「閉じた対（つい）」と称して解説し、自我をはぐくむ教育や保育のあり方を提案しました。「閉じた対」とは、子どもが自らの自我を発揮した要求を大人に頭ごなしに否定されたことによって、その活動から転換できなくなってしまうことであり、その子どもをみて、大人もいっそう子どもを否定してしまうという状況のことです。
第4章：「1歳半の節」の発達診断を行うための方法を、既成の発達検査に依拠しなくてもできることを中心にして解説しました。

＊

　本書が、人と人のあいだで読まれることによって、発達のすばらしさに共感し、それを守り育てる社会を創造しようとする人の輪をつくることに役立つならば、うれしいことです。

第1章
発達をはぐくむ目と心

本章では、全体の導入として、まず発達とは何かを素描してみたいと思います。

発達の英語である「Development」は、内なる可能性が外に向かって展開していくという意味を表現しています。そこには本来、「内なる」力が想定されており、その力への信頼と尊重が、発達の意味を理解する際の不可欠の前提となるのです。

だからこそ歴史において、その内なる可能性の開花としての発達を保障することが、「子どもの権利」を追求するとりくみの目的概念となりつつあります。

子どもの権利条約

「第6条1．締約国は、すべての児童が生命に対する固有の権利を有することを認める。2．締約国は、児童の生存及び発達を可能な最大限の範囲において確保する。」(1989年国連総会採択、日本ユニセフ協会訳)

しかし、その子どもの発達への権利が、ほんとうに保障されようとしているかは、私たちの国の諸相に目を向けたときに疑わしい現実があります。

締約国の「子どもの権利条約」の実施状況を審査する「国連・子どもの権利委員会」は2010年に日本政府へ3回目の勧告を行いました。そこでは「過度に競争主義的な環境による否定的な結果を避けることを目的として学校制度および学力に関する仕組みを再検討すること」などの厳しい指摘がなされ、「子どもを、権利を持った人間として尊重しない伝統的な見方」の問題を指摘しています。競争のために、子どもは遊ぶ時間、からだを動かす時間、ゆっくりと休む時間を奪われ、過度のストレスにさらされていることを指摘し、発達や健康のゆがみが懸念されているのです。

これは、子どもの内なる可能性を守り育てようとするような姿勢が、日本政府に欠落していることへの率直な勧告であり、わが国における「子ども観」「発達観」という根本的な認識のありようを問うものでもあります。

だからこそ、「発達とは何か」をテーマとする本章では、子どもの内なる可

能性の開花としての発達がどのようにあらわれ出るのか、そしてそれを現実のものにするために、子どもをたいせつにしようとする教育や保育は、どうありたいかを考え合っていきたいと思います。

発達保障のねがいをもって

発達とは何か

　たとえば、自分でスプーンを持って食べたいという要求をもちはじめた子どもは、まず、そのスプーンを握り、皿のなかのおいしそうな食べ物に近づけてみます。しかし、うまく食べ物がのってくれません。そこでスプーンの向きをちょっと変えて皿に近づけてみます。今度はうまくすくえたと思うも束の間、口に運ぼうとすると寸前でこぼれてしまいました。でも負けないで、さっき学んだコツを生かしてうまくすくい、今度は口へ入れることができました。その顔はほんとうに満足そうです。

　まず、子どもに自分の手でスプーンを使って食べたいというたしかな欲求が生まれたこと、スプーンを握って自分で操作してみようとしたこと、そのなかで失敗に学びつつコツをつかむことができたこと、そしてその負けない心や注意の持続をコントロールする力を自分のものにしたこと…。ひとつではない、こういったいろいろなことがつながって、スプーンで食べるという事実に結実していくのです。

　しかも、視野を広げてみるならば、スプーンを使いたいという欲求をもつようになったのは、友だちやきょうだいが上手に使っているのを目にして、「自分も！」という憧れの心を抱いたこと、そしてうまく使えなくて負けそうになったときに、「だいじょうぶ、だいじょうぶ」と応援してくれ、コツを伝えようと手本をみせてくれた大人の支えや導きがあったことなど、ひとりではない人間関係のなかで、発達の事実は達成されたのです。

　こう考えると、発達はほかならぬ子ども自身が自らの要求によって外界と自分自身にはたらきかけ、その活動を通じて外界を取り入れて、自分自身を変化

させていく過程であることがわかります。

　そこで変化していく事実とは、何かができるようになるということだけではなく、自分をコントロールする力、悔しさや喜びなどという感情、人と交流しながら自分と他者にはたらきかける力という、人としての全体におよぶものになるでしょう。

　こんな、人を理解する広い視野、そして子どもを発達の主体として理解しようとするまなざしが、「発達をはぐくむ目と心」なのではないでしょうか。このようなことを、あえてことばにしなくてはならないのは、「発達とは何か」という問いに、私とは異なった答えがたくさん存在しているからです。さまざまな見方があることは、何事においても理解を深めていくためにたいせつなことですが、そのためにも、見方や認識のちがいをはっきりさせながら討論をし、真実に近づく努力をしなければなりません。

　たとえば、発達とは、運動能力、手指の技能、ことば、学力などの、目にみえて何かができるようになることだとの見方があります。実際、幼少時から学ばせれば、運動能力も学力も、外国語力も確実に早く身につくという「早期教育」の方法はたくさんあります。あるいは善意による「ほめて育てる」という標語には、ときに大人の都合のよい姿に子どもを変えるための意志が隠れていることはないでしょうか。発達とは、目にみえて何かができるようになることだという理解に立つと、保育、教育、育児は、目にみえる変化を達成するために、子どもにはたらきかけることだということになるでしょうし、子どもの目にみえる変化を引き起こすためのはたらきかけが、実践され研究されていくことになります。そこでは、発達の原動力は、子どもの外に存在するのであり、子どもの内にある可能性や子どもの感情や意志は、問う必要のないものになってしまいます。

「この子らを世の光に」

　発達とは、「できないことができるようになることだ」「直線的に上に伸びていくものだ」という見方がある一方で、それを一面的な見方として実践のなか

で克服していったのは、障害の重い子どもたちにかかわる人々でした。

　時代はずいぶんさかのぼります。第二次世界大戦の敗戦後、空襲で家族や家を失い「戦争孤児」となった子どもたちと知的障害のある子どもたちが、力を合わせて生活していく施設として建設された近江学園（現在は滋賀県立の知的障害児入所施設）、そしてそこから発展的につくられた重症心身障害児施設「第１・第２びわこ学園」（現在はびわこ学園医療福祉センター草津・野洲）での施設実践は、どんな障害の重い子どもにも発達要求があり、その人なりの豊かな発達の可能性をもっていること、発達はタテに伸びるばかりではなく、ヨコへの豊かさを広げる「横への発達」（註１）もあることを、子どもたちの姿から発見していったのです。

　その情景のひとつを、近江学園、びわこ学園などの建設の中心にあった糸賀一雄さんは、次のように書いています。

　「例えばびわこ学園に運びこまれた一人の青年は、ひどい脳性麻痺で、足も動かず、ベッドに寝たきりで、知能は白痴状態であった。しかも栄養失調で骨と皮になり、死相があらわれているのではないかと思われるほどであった。半年あまりしたある日のこと、いつものように保母がおむつをかえようとすると、彼は、息づかいをあらくしてねたまま腰を心もちあげているのであった。保母は手につたわってくる青年の必死の努力を感じて、ハッとした。これは単なる本能であろうか。人間が生きていく上になくてはならない共感の世界がここに形成されているのであった。」（参考文献①、303ページ）

　そこには自分を介護してくれる「保母」の存在を認めて、彼女の労働に応え、ともに生きるために一生懸命に腰をもちあげようとする青年の心があるのであり、その心がこもった青年の力を感じたときに、ハッと気づかされた彼女がいるのでした。他者とともに生きるために、自分ももっと「よくなろう」とする青年の心のはたらきが「保母」の心に伝わったときに、彼女もまた力をえて、ともに生きようとねがうのでした。そこには、「あなたといっしょにもっと生きたい」とねがう関係が生まれていきます。これが人と人とのほんとうの愛情の、形ある姿であり、響き合い感じ合う「共感の世界」なのではないで

しょうか。

　その共感の成り立つ世界では、「遅れている子ども」「劣っていること、できないことがある子ども」という、人と人とを比較するような見方ではなく、子どもはみんな「よくなろう」というねがいをもって、自己変革の途上でがんばっているのだという見方が生まれていくのです。

　「障害をもった子どもたちは、その障害と戦い、障害を克服していく努力のなかに、その人格がゆたかに伸びていく。貧しい狭い人格でなく、豊かなあたたかい人間に育てたい。三歳の精神発達でとまっているようにみえるひとも、その三歳という精神発達の中身が無限に豊かに充実していく生きかたがあると思う。生涯かかっても、その三歳を充実させていく値打ちがじゅうぶんにあると思う。そういうことが可能になるような制度や体制や技術をととのえなければならない。そのための一歩の実践こそが、すべての共通の問題点ではないであろうか。」（参考文献②、177 〜 178ページ）

　「この子らはどんなに重い障害をもっていても、だれととりかえることもできない個性的な自己実現をしているものなのである。人間とうまれて、その人なりの人間となっていくのである。その自己実現こそが創造であり、生産である。私たちのねがいは、重症な障害をもったこの子たちも、立派な生産者であるということを、認めあえる社会をつくろうということである。『この子らに世の光を』あててやろうというあわれみの政策を求めているのではなく、この子らが自ら輝く素材そのものであるから、いよいよみがきをかけて輝かそうというのである。『この子らを世の光に』である。この子らが、うまれながらにしてもっている人格発達の権利を徹底的に保障せねばならぬということなのである。」（参考文献②、177ページ）

　これらの糸賀一雄さんのことばは、何を語りかけてくるのでしょう。

　障害のある子どもたちも一人ひとりの豊かな可能性をもって生まれてきているのであり、その可能性を自ら知って開花させていく自己実現こそが発達の根本的な意味なのだということ。

　その自己実現を「世の光」として認め合える人と人との関係のなかでこそ、

発達は達成されるのだということ。

　障害という困難を背負っていても、その障害とたたかうなかに、人格としての豊かさが実現していくのだということ。

　そのような自己実現のためのたたかいを支える社会のしくみ、法制度、諸技術を創っていくことが、人類共通の目標であること。

　このように理解すると、これらのことばには障害のある子どもたちに限らず、すべての子どもたち、あるいは私たち大人にも通じるたいせつなことが語られているのです。

　このようなねがいは、「発達保障」ということばに結実し、人格発達を権利として守り発展させていく運動として、私たちの国に芽生えました。そして、発達保障のとりくみは、その理念を語るのみではなく、子どもの発達の道すじを明らかにし、そこにある発達の原動力にはたらきかけながら、個性的な自己実現へと導く、発達理論と指導方法の探究に発展していきました。

　この近江学園、びわこ学園などでとりくまれた実践は、近江学園の指導員であり、のちに京都大学、龍谷大学で教鞭をとられた田中昌人さんらの研究として実を結び、子どもたちの発達の道すじを明らかにする理論として、まとめられてきました。以下では、田中昌人さんの研究に学びつつ、発達のしくみを述べていきます。

発達のしくみの理解

発達の質的転換期

　発達はさまざまな力（機能・能力）によって構成されています。たとえば、運動、手指操作、認識、言語・コミュニケーション、感情、自我、対人関係などですが、それらの力はバラバラに存在するのではなく、相互につながり合いながら発達していきます。そのつながりを「連関」というのですが、その連関し合う力の間には共通した特徴がみつかります。共通した特徴をもつ時期を、ひとつの発達段階として取り出すことができます。

そして、ひとつの発達段階から次の発達段階への変化が達成される時期があり、それは発達の質的転換期としてとらえられます。質的転換とは、たとえば、水がある温度を越えると急に水蒸気になったり氷になる、種子が発芽して成長し、やがては再び種子として結実するというような変化であり、物質や植物の世界に限らず、人間の社会の歴史においても支配階段が変わる革命的な変化としてみつけることができる時期のことです。それは、ある物質、植物、国家社会などにおいてみられるという特殊なものではなく、あまねく普遍的にみられる法則的なものです。何より人間は、受精から誕生へ、そして発達の質的な変化をくり返し、やがて死を迎え、精神の世界を失い、物質の世界へと姿を変えていく劇的な質的転換を歩む存在です。

　田中昌人さんらの「可逆操作の高次化における階層－段階理論」によるならば、発達の質的転換期と次の発達の質的転換期との間には、「階層」といわれる大きな発達段階が存在しています。そしてひとつの階層のなかに、飛躍のときもふくめて３つの小さな「段階」が見出されています。本書では詳しく解説することはできませんが、この３つの発達段階がより高次の「階層」においても同じように見出されるとするところに、この理論の重要なポイントがあります。つまり「３つ」の発達段階を形成しながら、発達は高い階層に移行していくのです（図１）。

　やや具体的に例示すれば、乳児期前半の「回転可逆操作の階層」の第１段階（生後１か月ころ）では、まだ手も足も躯幹から自由になってはおらず、からだはひとまとまりの動きを行う段階です。第２段階（３か月ころ）になると、手や足が躯幹から自由になり、手と手、足と足を触れ合わせたりする活動もできるようになります。第３段階（５か月ころ）になると、さらに手から指が分離し、おもちゃをつかもうとしたり、足をもって遊ぼうとするような活動ができるようになります。つまり乳児期前半は、からだから活動の軸がひとつずつ分離して自由になっていく段階なのです。

　乳児期後半の「連結可逆操作の階層」へと移行する生後７か月ころの第１段階において、子どもは外界とひとつの結び目を結ぶことができるので、ひとつ

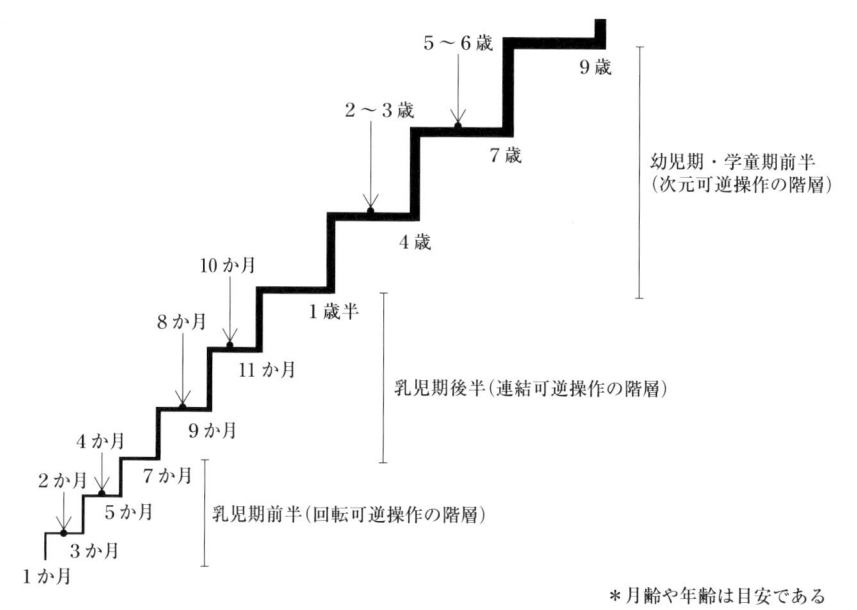

図1 発達段階の説明図

＊月齢や年齢は目安である

のものを把握するのです。第2段階（9か月ころ）では、2つの結び目を結ぶので、両手にものを把握することができます。第3段階（11か月ころ）では、3つの結び目を結ぶことができるので、両手にものを把握したうえで、それを器に入れたり相手に渡すことができるような3つ目の結び目をつくろうとするのです。もちろんこの「結び目」は、手の把握のことだけではありません。2つの単位に区分して認知したり、ひとつのことを他者と共有したりすることも「2つの結び目」を結ぶことなのです。

1歳半ころの「次元可逆操作の階層」の第1段階において、子どもは2つのことを並列させて、「○○ではない□□だ」という操作ができるようになります。第2段階（4歳ころ）では、2つのことを「大－小」「軽－重」などの対比的関係においてとらえて認識することができるようになります。第3段階（7歳ころ）では、対比ばかりではなく、「大－中－小」というような中間項を認識し、3つの単位ですじ道をつくって、ものごとを系列的かつ文脈的にとら

第1章 発達をはぐくむ目と心　17

えることができるようになります。

　さらに、たいせつな仮説として、どの「階層」においても第2段階から第3段階への移行期において、次の「階層」に飛躍するためのエネルギーである「新しい発達の原動力」が発生するとされています（参考文献⑥）。

量的拡大から質的転換へ

　保育や教育の実践においては、このような発達段階があることを理解するだけでは、発達の理論と指導方法とのつながりがみえてきません。実践のためには、発達の質的転換や段階から段階への移行は、どのように進むのか、その移行に保育、教育、生活はどのようにかかわることができるのかということが問われているのです。

　質的転換期に挟まれた一つひとつの発達段階は、変化のない平坦な道であるわけではありません。質的には変わらないけれど、量の変化としてとらえられるたいせつな変化が積み重なっているのです。たとえば、水は摂氏100度を超えなければ水蒸気に質的に変化するものではありませんが、温度の上昇とともに分子の衝突は激しくなり、次第に水蒸気に生まれ変わるための力をため込んでいるのです。同じように人間の発達も、質的に変わるわけではないけれど、「ため込む」ということばにふさわしい準備をしながら、質的転換へと向かっていきます。

　このような経過を、「量的拡大から質的転換（変化）への法則」と呼びます。

　ここでたいせつなことは、何が量的に拡大しているかということです。たとえば、1歳半の発達の質的転換期において、それまで数語しか話すことができなかった子どもが、急にことばを増やしていって、2歳までの半年間で200語から300語を話せるようになるといわれます。たしかにそれは急な変化ですが、それに先立つ生後10か月ころから、指さし、身ぶり、手振り、視線や表情で、子どもは発見したことやその喜びを伝えようとし、また要求も一生懸命に伝えようとするようになるでしょう。そのような一つひとつの子どもの伝えたいことを受けとめてくれる関係が広がっていくことによって、いっそう伝え

たいことは増え、伝えたい要求も高まっていきます。まさに量的な拡大がみえるようです。

発達の原動力としての内的矛盾

　実は、この量的拡大から質的転換においてたいせつなことは、量的な変化によって、ますます今の質（レベル）では要求をかなえることができないという「ずれ」が顕著になっていくということです。つまり、子どもの要求と今の発達のレベルの間の「ずれ」がだんだん大きく強くなっていくのであり、この「ずれ」は内的矛盾（以下では、矛盾）と表現されてきました。大人がこの「ずれ」を認識することは、子どもの内面をみつめるうえでたいせつなことです。

　つまり、量的な拡大はそのなかに発達要求の強まりと、それに応じる今の発達のレベルとの間の矛盾の拡大という「しくみ」をもっているのです。そして、この矛盾が存在するということは、強まりゆく発達要求と今の発達のレベルが子どものなかでたたかっているということであり、このたたかいをのりこえて新しい発達のレベルへ飛躍することによって、矛盾は解決していくのです。

　この矛盾は、子どもがあることへの意欲をもち、それを自らのものにしようとするときに意識化され、目にみえる不安や葛藤の形をとりますが、実は発達の過程のなかに、目にはみえない「しくみ」として存在しているものです。つまり、そういった目にみえない「しくみ」としての矛盾と、意識化された矛盾という二つのレベルの矛盾が存在しているのです。教育や保育は、「しくみ」としての矛盾のことを理解しつつ、子どもの意識にはたらきかけていく仕事であります。

可逆操作とは何か

　さて、それぞれの発達段階を構成する力に、共通する特徴をみつけることができるといいました。それは何でしょう。田中昌人さんの理論では、ひとつの重要な側面として、「可逆操作」のレベルによって発達段階を特徴づけられるとされています（註2）。

田中さんは、その可逆操作を次のように説明しました。「発達における自己運動として外界を取り入れ、運動・実践を産出するにあたって、活動の源泉であり活動の結果としてうまれる欲求を人間的な発達要求にたかめつつ間接性を操作していく際の基本様式の一つ」であり、「外界を変化させるとともに、自己の自然（本性）を変化させていくし、さらに諸連関のもとで自らの潜勢能力を発達させて自己自身の統制に従わせ、制限からの発達的解放、客観的自由獲得の可能性を増大させていく。」（参考文献③、150ページ）

　むずかしいことばですが、可逆操作とは、発達への欲求、つまり発達要求を高めつつ外界や自分自身にはたらきかけていくときに、その外界と自分自身にはたらきかける活動に共通する操作の特徴（様式）のことであり、その力によって人間は、自分に潜在する能力を花開かせて、制限から解放されつつ、自由に活動し生きることができるようになっていくということです。

　もし人間の活動が「やりっぱなし」「行きっぱなし」「言いっぱなし」「怒りっぱなし」だったらどうなるかを想像してみると、「可逆操作」ができることのたいせつさがわかるでしょう。実際、可逆操作、つまり「行き－戻り」ができることによって、人間の活動と生活は、ある種のまとまりある態勢、秩序をつくり出すことができるようになっているのです。それは乳児期の子どもにおいても、ある事物を目で追うことができるようになっているならば、それを逆方向にも追跡できなければ、視線は「行きっぱなし」の状態になってしまいます。何かを取ろうとして開いた指を閉じることができないならば、把握運動を自由に行うことはできないでしょう。オムツが濡れた不快を泣いて訴えることができても、そこから気分、感情を復元させることができないなら、「泣きっぱなし」の生活になります。小さな子どもでも、このような一つひとつの活動において、大人などからのたいせつなはたらきかけに支えられ導かれて、「行き－戻り」ができるようになっていくのです。また、他者にはたらきかけて、他者の行動や心理の意味を理解し、それを受けとめてはたらきかけ方を変化させ、さらにはたらきかけていくということはたいせつなことですが、それは人と人との間で、お互いに可逆操作を発揮するということです。

このように可逆操作とは、一言で説明するならば始点と終点の間を行き戻りする操作や活動のことをいうのです。それは、目にみえる運動や手指の操作に限らず、思考、感情のコントロール、自分と他者との関係などの発達を構成するすべての力におよぶ共通の特徴としてとらえられました。
　しかし、もうひとつたいせつなことがあります。「行き－戻り」ができるだけでは、いつまでたっても、始点から終点に戻ってしまい、そこから変化するきっかけはあたえられません。その可逆操作だけでは、自分の発達要求が実現しないという矛盾をもつことによって、その可逆操作のレベルそのものを変革していくことが、必ず必要になります。人間は、そのような発達要求を常に高めていくエネルギーをもっているし、そのエネルギーにはたらきかけていくことができる組織的系統的な保育や教育のはたらきかけを、歴史のなかで発展させてきたのです。

発達要求とは何か

　「○○をしたい」「○○へ行きたい」などの子どもの要求は、ことばや行動によって表現されることが多いでしょう。発達要求は、このような見える要求のことではなく、その裏にある生き方への要求のことであり、「もっとよくなりたい」というねがいに貫かれたものです。この「真実のねがい」が何であるかは、子ども自身も気づいていないかもしれません。
　要求と発達要求を区別して認識することはたいせつなことです。実は、大人が受け入れられないような要求であっても、その背後には健気に生きる子どもの発達要求が隠れていることがあるのです。
　たとえば、世界には、子どもにとって魅力にあふれたさまざまな「もの」「活動」「人」が存在しています。子どもはそれらに魅入られ、憧れ、そして自分のものにしてみたいと思うことでしょう。それはその対象に込められ人間がつくりあげてきた文化を自分のものにしていく発達要求の実現過程でもあります。それは広い意味で人間の創った文化を学習していくことであり、そうすることによって人間の子どもとして発達していこうとする発達要求であります。

しかし、それらを自分のものにするためには、自分の感覚、技能・能力、感情を、対象を学ぶことができるように変革していかなければなりません。そこに矛盾が生まれるのですが、子どもは、自分をみつめ、自分を調整・復元・修正し、途中であきらめることなく活動をつなげて発展させようとします。つまり、発達要求は、必ず自分自身と向き合い、自分自身を変革していく要求を内に含むようになっていくのです。

　かつ、ひとりで生活しているわけではない人間は、身近な人間を自らの要求を実現するための意味ある存在として理解することからはじまり、やがて他者のことば、活動、モデルに込められたその人の要求を認識することで、自らの要求と他者の要求との「ずれ」や相克を知るようになります。その他者との「ずれ」をあきらめることなく調整・修正していこうとすることもたいせつな発達要求です。

　このような過程のなかで子どもは、他者、集団、社会との関係のなかで、自分を認識していくことになります。そこで意識されたものが、自意識、自己概念であり、その発達段階にふさわしく、きわめて個性的につくられていきます。そして、「こうありたい」という自己への要求と、現実の関係における自己との「ずれ」に直面することで、さまざまな心理的葛藤が表現されることになるでしょう。それでも子どもはあきらめないで、自分への夢をもち、自己変革をとげていこうとするのです。この自意識、自己概念のありようと、それと向き合う自己変革の精神的姿勢は、一人ひとりの人格を特徴づける中心的な要素です。

「二分的な評価」や一面性を脱却する

　発達の理論を学ぶと、子どもがみえなくなるという意見があります。発達を学ばなくても保育や教育のしごとは立派に行うことができるという意味でもあります。しかし、そのような感想があるからといって、保育者や教師に発達への視点が必要ないということにはならないでしょう。なぜなら、その保育者や教師は意識していないことですが、実際には実践のなかで子どもの発達の力や発達

要求への分析を行っているのです。もっとたいせつなことは、発達の見方をもとうがもつまいが、子どものなかには、常に発達の力が存在しているのです。

「発達を学ぶと、子どもがみえなくなる」という発達の理論への嫌悪感が生じるのは、ちょっと邪推すれば、職場のなかに理論だけから子どもを説明しようとするような人がいたり、そんな空気に包まれているときに、違和感を覚える人も出てくるからでしょう。そこには、なぜ理論が必要なのかを考えるうえでたいせつなことがあります。つまり、理論だけからひとりの子どもを説明することはできないし、逆に実践のなかでつくられた経験則だけからは、深く広く子どもを理解することはできません。本来、理論と実践が二分的に分けられてはならず、実践によって理論が吟味され、理論によって実践が発展していく契機があたえられるのです。

理論と実践を分断してしまうように、私たちのおちいりやすい見方・考え方に、ものごとを「二分的にとらえる」という癖があります。たとえば、自分のことを「社交的－非社交的」「器用－不器用」「頑固－優柔不断」などといったりします。あるいは、「強み－弱み」「勝ち組－負け組」などと人を理解したりもします。しかし、人間はほんとうにそのように二分的に分けられるものなのでしょうか。たとえば、自分の「強み」を探すことはたいへん苦しいことです。自分を変革していこうとする発達要求の強い人ほど、自己像の描き方は謙虚であり、「強み」などはみつからないものです。実は「弱み」と思えて、受け入れがたく苦しんでいる自己像のなかにたいせつな宝物があり、その「弱み」を意識しつつ、自己変革していこうとする姿勢のなかに、誠実に生きようとする価値ある人格が隠れているかもしれないのです。

あるいは、障害をもっている子どものことを「障害児の○○ちゃん」というように、人としての存在から区別してみてしまうと、障害のことしかみえなくなります。障害はあっても、いろいろなできることはあるし、その子らしい感じ方、表現の仕方、そして性格や人格が存在しているはずです。さらにいうならば、障害はあっても「人」であり、人としての発達の道すじを歩いていることにちがいはありません。

もちろんこれは、障害をもっているという事実をみないようにしようとすることではありません。なぜなら、その子にとって障害は事実なのであり、人一般の個性なのだといわれても納得しがたいほどに、現実の生活では、困難や生きにくさを引き起こします。「一人ひとりちがう」とか「○○という障害がある」とか「みんな同じ人間である」とか、「同じ」と「ちがう」を切り離して「二分的」に説明しても、肝心の一人ひとりを理解する視点にはなりません。

　つまり、ものごとをある一面だけで理解することをしないで、そのひとつの面の裏側にあるものを深く探り、ある一面と他の一面がつながってつくり出していることを広い視野で理解したいと思います。

普遍性と個別性を結びつけて

　障害も含めて、「人である」というみんなに共通することと、その子がもっている他にはない個性的なことと、そのどちらももっているのが人間なのです。その共通することを普遍性と呼び、一人ひとりにある個性的なものを個別性と呼びましょう。このどちらをも視野に入れて一人ひとりを理解することがたいせつなのであり、そして、普遍性への理解をもっていることが、一人ひとりの個性や個別性を生き生きと認識していくうえで、たいせつな土台になるのです。その普遍性のひとつとして、人間として生まれた以上、たとえ障害があろうとも、人としての共通の発達の道すじを歩いていることに着目しておきましょう。

　このような「人として」という普遍性の認識があることによって、人と人が互いに理解し合い、力を合わせる可能性が生まれるのです。普遍的なものの多くは、人々の確信や連帯を支えるし、自分も同じなんだと思える真実性があります。

　一人ひとりの個別性にのみ眼を奪われると、教育や保育も、一人ひとりに個別で対応しようとするような個別指導の方法に強く偏っていきます。そういったときには、一人ひとりの個別課題に対応する指導になり、子どもは、「みんなにとってたいせつなことなのだ」という意識によって励まされ、がんばって

いこうとするような気持ちにはなりにくいでしょう。また、その「課題」の多くは、自分の苦手なことが提示されるのであり、その結果として、否定的に自分を感じたりしてしまいます。また、そのような個別的な対応は、大人をも集団としてのつながりから切り離して、個別的な指導をする孤独な人にしてしまいます。

しかし、普遍的なものの多くは理論としてまとめられているのであり、そこに認識が偏ると、理論だけで子どもを説明しようとするような姿勢になっていきます。そうならないために、一人ひとりの子どもの具体的な姿から、その子どものことを理解する視点や議論が必要になるし、障害があるならば、その特殊性がどうあらわれているかを理解することもたいせつなことです。

一人ひとりの子どもたちは、それぞれの生活現実を生き、生活の歴史をもっています。一人ひとりの子どもの生活の歴史に思いをいたし、その歴史のなかで創られてきた人格や発達の事実としても、個別性をとらえたいと思います。子どもの生活がどんな経済的基盤や家族の労働の実態のうえに成り立っているのか、家族関係やそのなかでの家族の文化の特徴、何を幸福と思うかという傾向、地域の人々とのつながりなども、長い時間のなかで、一人ひとりの子どもの発達と人格に個性を刻みます。また、貧困、虐待、ひとり親などの家族問題も、子どもの心のなかに何かを刻印します。そういった子どもの生活の歴史への想像力こそ、子どもを深く広く理解していくために、大人に求められる力なのです。

3歳になるまでの発達と「1歳半の発達の質的転換期」

乳児期前半の大きな発達段階（階層）

生後3か月ころになれば、子どもは右も左も向くことができるようになるし、その左右の視野のなかに入った自分の手を物珍しそうなまなざしでみつめるようになります。また、手と手を正面で触れ合わせて、互いの指の感触をた

しかめ合うようなこともはじめます。足先を触れ合わせる姿もあるでしょう。
　この発達段階は、手や足などの２つある部位が、それぞれのはたらきをはじめるときであるとともに、左右いずれの方向にも、視覚や聴覚をはたらかせて、みたいもの、聴きたいものに能動的にはたらきかけようとするときです。
　同時に、視覚、聴覚、味覚、平衡感覚などにおいて、好きな色、音、味、揺れの感覚や抱かれ方を感じ分けるようになります。それにともなって、快と不快の感情が子どものなかで分かれていきます。とくに、いつも優しい顔と声ではたらきかけ、やさしく抱っこし、おいしいミルクを飲ませてくれる人が大好きになっていきます。その人があやしてくれるならば、心地よさに誘われて、子どもも微笑みを返すようになるでしょう。
　実は、このような感覚、運動、感情が自由にはたらくようになる前に、子どもはいくつかの不自由に支配されています。たとえば、生後１、２か月ころの子どもは、頸（くび）の向いた方の手や足が伸び、反対の手足が曲がるという仰向け姿勢になっていることがあります。自分の意志で自由に姿勢をとれるわけではなく、反射に支配されているのです。しかも、どちらかを向いていることが多く、向き癖が強くあらわれているでしょう（**写真１**）。
　だから、みつけたものが動いてしまうと、それをみつづけたり動きを追うことはむずかしい時期ですが、それでも、一度は切れた視線を元に戻したり、どこにいってしまったかを探るようになることでしょう。そこには、幼いながらも、みよう、みつけようとする意欲のたしかさを感じるのです。みつける、追視するというような感覚の力だけではなく、そうできるようになるための意志の力もはたらいているのです。
　このように、一度は視線が切れてしまっても、もう一度みつけようとするように、「活動をつなげようとする力」はたいせつなものです。なぜなら、切れたままならば活動は発展せず、それ以上上手にみることも、みつけることもできるようにはならないからです。
　やがてみようとする意志は、自分の手の存在を発見することにもつながります。まだ目でみたところに上手に手が出せるわけではありませんが、それにつ

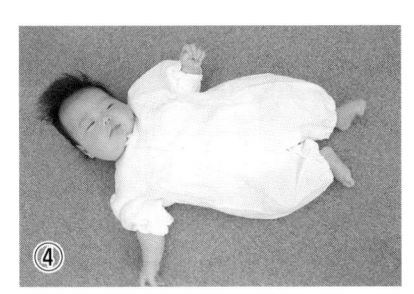

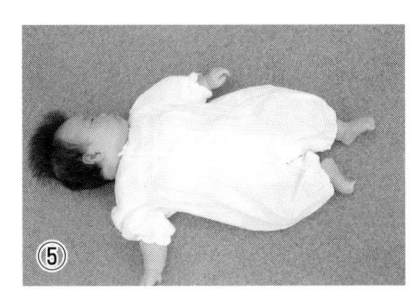

写真1　2か月児の仰向け姿勢

① 頸の向いている方の手足が伸展している。非対称性緊張性頸反射という姿勢反射があらわれている。
② しかし、カメラマンの気配を感じて、一生懸命に反対を向こうとする。
③ そして、カメラマンをみつける。姿勢反射はあらわれるが、随意的に外界をみつめようとしている。
④⑤ やはり、母親のいる反対側に向き直したい。ここにも「人を求めてやまない心」の芽生えをみつけることができる。

第1章　発達をはぐくむ目と心

ながる力が芽生えているのです。さらに、子どものみようとする意志にかなうのは、他ならぬ、その顔をみないではいられない大好きな人のことです。だから、向き癖姿勢という不自由を自分でのりこえて、反対側もみようとするでしょうし、うつぶせ姿勢になっているときならば、その人の顔みたさに肘に力を込めて頸をあげようとするでしょう。

　みたい、聴きたい、触れたいなどと子どもの心が高まることによって、活動が「切れてもつながる」ようになると、目と手がつながり、耳と目がつながるというように、感覚や身体機能がつながり出すようになるのです。その心の高まりを生み出すのは、日々の具体的な生活のありようであり、その存在を求めてやまない人の存在なのです。ここで育ちはじめる心は、「人を求めてやまない心」といわれています。手と手を触れ合わせて遊ぶようになるのも、不自由を克服して右にも左にも世界を広げることができるようになった結果であり、その喜びの表現のようにみえるのです。

　以上のように、生後1か月ころから3か月ころにかけての子どもの姿を紹介しました。それが乳児期前半の階層（大きな発達段階）のなかにある小さな第1から第2の発達段階への移行のようすです。

　第3の発達段階は、手と手を触れ合わせるだけではなく、手で足をもって遊ぶようになり、その姿勢で右や左に回転しようとします。離乳食の開始とともに視野に入るようになったスプーンや哺乳瓶に手を伸ばそうとするでしょう。おもちゃも一生懸命につかもうとするのです。子どもが手を使う主人公となりつつある姿です。そして、大好きな人に対しても、まるで相手を自分の世界にいざなうように、自分から微笑みかけるようになります。これを田中昌人さんらは、「人知り初めし微笑み」と名づけました。まさに、微笑みがコミュニケーション手段として、子どものものになった姿です。

　このような「主人公への生まれ変わり」が、第2の発達段階から第3の発達段階への移行においてみられます。この生後4か月ころの主人公への生まれ変わりが、乳児期後半の「階層」（大きな発達段階）へ飛躍していくための「生後第1の新しい発達の原動力」を宿した姿なのです。

乳児期後半の大きな発達段階（階層）

●可逆対(つい)操作

　子どもは、生後6、7か月ころから座ることができるようになり、手がからだを支える役割から解放されて、いろいろなものをつかもうとするようになります。寝返りも、右にも左にも、そして仰向けにもうつぶせにも自由に往き来できるようになります。それは、移動の自由を獲得しつつあることであり、手ばかりではなく移動によって、ほしいものを手にできるようになるということです。

　この乳児期後半の「階層」の小さな第1段階において、子どもが座っている姿勢のときに正面に2つのおもちゃを並べて提示してみましょう。子どもは、その2つのおもちゃを何度も見比べて、そしてさらに、それを提示している人の顔をみたりするでしょう。実は、生後4か月ころの主人公への生まれ変わりの時期に、「ひとつ」だけではない「もうひとつ」をみつけることができはじめるのです。子どもは何度か2つを見比べ、そしてどちらかに手を伸ばしてつかもうとするでしょう。それを把握したあとでも、もうひとつのおもちゃを視野に入れます。そうして、それも他方の手で握ろうとします。しかし、握ってしまうと、最初に握ったおもちゃが手からこぼれるように離れてしまいます。それに気づいて取り戻すと、あとから握ったおもちゃが手から離れてしまいます。ひとつだけではない、もうひとつにも注意が向けられるようになっているのですが、残念ながら「対(つい)」である2つを同時に持ちつづけることはできないのです。子どもは、次第にイライラしはじめ、泣き出してしまうかもしれません。「情けない」という感情が生まれているようにもみえます。まさに、子どもの意識が矛盾に出会い、自分自身のなかでたたかっているようです。この「対」の間で揺れ動く力が、ひとつではないもうひとつとも接点を結んでいろいろなものを探索し、自分のなかに取り入れていくための取り入れ口になるのです。

　このような見比べのなかにあるたいせつな特徴は、田中昌人さんによって

「可逆対操作」と名づけられました。文字通り見比べは「行き－戻り」の姿であり、可逆操作なのです。見比べに限らず、片手に持ったものを他方の手に持ち替えたり、口に入れてから他方の手に持ち替えることを、何度もするでしょう。そういった持ち替えのなかで、子どもは手にしたおもちゃに「裏－表」や「前－後」があり、握り方によってみえ方がちがい、音もちがうというような、一面的ではない「知り分け」をするようになるのです。

　また、ひとつではないもうひとつもほしいというほどの意欲の高さによって、子どもは、寝がえりや旋回での移動ばかりではなく、前進してほしいものに手を伸ばそうとするでしょう。最初は意欲だけが先に立って手をつっぱってしまうので、結果としてうしろにさがってしまって、ほしいものから遠ざかる悲しさを味わうことになります。でも、足を支えてくれる大人の援助などによって、ずり這いでほしいものに手を伸ばすことができるようになります。

　ここでもたいせつなことは、意識や気持ちが「切れないでつながっていく」ことなのです。

　障害のある子どもたちは、このような見比べはできるようになったとしても、ひとつを手にしてしまうと、もうひとつへの注意が切れてしまったり、もうひとつに手を出すと、最初につかんだものから注意が切れてしまうことがあります。つまり、「ひとつ」と「もうひとつ」が視野や意識のなかでつながり、その間で揺れ動きつつ、世界を広げていくことがうまくできない状態になっているのです。その結果として、遊びの対象が狭かったり、ものごとを多面的に知り分けることがむずかしかったりして、「おや、なんだろう」という外界を探索する心が高まらないことがあります。

●ちがいがわかる力と不安感情

　「ひとつ」と「もうひとつ」の間で知り分けることができる力は、「ちがいがわかる力」にもなります。そこで新しくて珍しいものに、「おや、なんだろう」という心が動くのですが、それは同時に新しくて珍しいゆえに、「はじめて出会う」ものごとへの不安感情が芽生えることにもつながります。まず何よりも、いっしょに生活していて心地よいことを提供してくれる人と、はじめて出

会う人を区別して、はじめての人に「人見知り」で不安を表現するようになります。「可逆対操作」の芽生えとともに、この不安感情は強くなるのですが、とくに生後6、7か月ころの第1段階から9か月ころの第2段階の移行期において、強まる感情でもあります。「ひとつ」だけではない「もうひとつ」への意欲が強まり、矛盾の大きくなる時期だからでしょう。不安感情だけにさいなまれているのではなく、もうひとりの人と関係を結んでみたい強い志向性（関心）をもっているのです。

「ちがいがわかる力」は、人と人、ものと人との結びつき方（関係）を認識する力でもあるので、はじめての人に人見知りしても、その人が子どもの身近な人と親しげにしていれば、次第に不安は和らいでいきます。また、その人がおもしろそうなおもちゃを提示しながらはたらきかけてくれると、その人が「おや、なんだろう」の心にかなうおもしろい存在であることを感じて、泣きやんだりします。不安はあっても、いっしょに楽しんでくれる大人の存在が、不安なものへの信頼感をつくってくれるのです。

不安な心は、人に対してばかりではなく、はじめて目にするおもちゃなどに対しても向けられます。指先でちょっとつついてみたり、そのあとで大人の顔をみて励ましを求めたりして、こわごわと握ってみたりするでしょう。はじめての場所にも、不安な顔になっているものです。

この不安感情を克服していくときには、目でみて、指先でたしかめて、行きつ戻りつ「たしかめる」姿が印象的です。発達の障害のある子どもの場合に、歩いたり走ったりする運動能力が先行して発達すると多動な傾向が強くなりますが、その現下の運動能力により、走り回り「行きつ戻りつ」しながら、はじめての場所を理解しようとしている姿のようにもみえます。

この不安感情とその背後にある矛盾をのりこえていくためにたいせつなことは、その「行きつ戻りつ」を支えてくれる人との関係です。子どもは、不安な人やものをみて、そのあとで安心できる大人の顔をたしかめて、「だいじょうぶだよ」というサインを確認して、もう一度不安なことに挑戦しようとするのです。この「きっと、だいじょうぶ」という心の支えが、以後の発達において

も、不安や矛盾をのりこえていくために、目にはみえないたいせつな力になるのです。

　しかし、この支える関係はあくまで土台なのであって、子どもはそれだけで世界を広げていけるわけではありません。不安を凌駕する期待のもてる楽しいことがあるかという、対人関係、遊び、おもちゃなどの外界のありようが問われているのです。だから大人は、たくさんの期待を子どもとともに創り出していく知恵が求められているのです。

●生後10か月ころに芽生える「生後第2の新しい発達の原動力」

　このような他者とともに楽しいことをつくっていく関係のなかで、その人への要求や共感がたしかな力になると、外界への不安をのりこえていくための役割を果たした指先が、思いを伝える手段になっていきます。指さしの誕生です。そして、「チョチ・チョチ・アワワ」などの得意な手遊びをしてみせ、そして自分からおもちゃをさし出してプレゼントしようとするようになります。その指さしや手遊びをともに喜び、さし出したものを「ありがとう」という気持ちで受けとめてくれる関係があることによって、いっそう人への興味、共感が高まり、他者の感情やことばの意味を理解する力が育っていきます。この他者とともに創り出す世界が、やがてはことばを生み出す力になるのです。

　しかし、このような指さしやさし出しは、自然発生的に誕生するわけではありません。たとえば、「ちょうだい」ということばとともにさし出した大人の手に対して、子どもは誘い出されるように、手に持っているおもちゃをのせようとするかもしれません。しかし、大人がそれをほんとうに受け取ろうとすると、子どもはびっくりして手を引っ込めてしまうでしょう。そして、大人の手のひらをまじまじとみつめたり、その手をとって甲へ裏返してみたりするのです。その手にはどんな意味があるのかを、自分でみて触れてたしかめようとします。そんな「たしかめる」の時間のなかで、たまたま大人が子どもの手にあるものを「ありがとう」ということばと笑顔で受け取ってしまうと、これは大人にとってうれしいことなのかもしれないという意味の理解が、子どもの側に生まれます（**写真2**）。

写真2　10か月児の「ちょうだい」への答え方

① 「ちょうだい」ということばとともに差しのべられた相手の手に、思わず積木をつけてしまう。
② どうしたらよいのか意味がわからず、一度は積木を引っ込めるが。
③ その手の意味をたしかめようと、まずは握ってみる。
④ そして、裏返してみる。
⑤ さらに「ちょうだい」といって要求する相手の手に、積木をつけてはみるが…。
⑥ わからないことには、背中を向けるしかない。

指さしも同じです。珍しいものに不安な気持ちも込めて人さし指で触れてみたときに、「きれいなお花だねぇ」などとうれしそうな表情で答えてくれる大人がいるからこそ、そうやって人さし指をさし伸べることは、大人にとっても意味があることなのだと、子どもは知るようになります。つまり、大人の手にも大人の心が宿り、自分の手や指にも、自分の思いを託すことができることを、子どもは知っていくのです。
　子どもは、これに先立つ時期、生後8、9か月ころから、大人が指さして何かを教えてくれるとき、その大人の人さし指の先にあるものをみつけられるようになります。それまでは、大人の指さした先にあるものになど、まったくといってよいほど関心を示さないのですが。つまり、単なる手や指ではない、そこにはみえないけれども何かが宿っていることを、子どもが知るようになるのです。
　みえない世界に「きっと何かあるはずだ」と確信し、不安を克服しはじめた子どもは、「いつでもそこに○○があるはずだ」という目的をもった移動をするようになります。そして、不安を克服しつつあるので、小さいもの、動くもの、触れると変化するものを求め、とくに命あるものへの感性をもつようになっていきます。
　また、友だちの発見した珍しいもの、身近な大人のいつも持っている生活の道具などに興味を抱くようになります。人が持っていることによって、輝いてみえるのでしょう。そこにも、「対」ということばで表現してきた、「ひとつ」と「もうひとつ」のつながりの意味をとらえる力が発揮されているのです。そうして憧れの心が育ちはじめ、その心を仲立ちにして、仲間とつながるようになっていくのです。そのものを間に挟んで、仲間との「取り合い」を経験するようにもなっていきます。
　生後10か月ころは、以上のような対人関係がつくられるとともに、「合わせる、渡す、入れる」などの、「ひとつ」と「もうひとつ」を合わせる操作ができはじめるときでもあります。そして、「合わせる、渡す、入れる」ことができた喜びを、大人や友だちと共感するようになっていくでしょう。自ら合わせ、渡し、入れられたものは、宝物のように大事にするようになります。この

ような「合わせる」関係づけを特徴とする手指の操作は、それを共感する対人関係の形成とともに、第2の発達段階から第3の発達段階への移行期である生後10か月ころに芽生えはじめるのです。

●「合わせる、渡す、入れる」活動と相手の意図の発見

　さて、生後10か月ころに芽生えた新しい発達の力は、「出す」ばかりであった手指の操作に、「合わせる、渡す、入れる」という逆の操作、つまり新しい可逆操作を試みる力をあたえます。相手がさし出した手に自分の手のなかのおもちゃを合わせてみます。すると、相手がそれを取ろうとするので、びっくりして手を引っ込めることでしょう。相手の手には、単なるものではない動きがあり、その動きこそが、相手の見えない心の世界、つまり意図を内に宿しているのです。そのことを知って、それまでとはちがった不安を子どもは意識するようになります。つまり、「はじめてのもの」への不安ではなく、「得体の知れないものごと」への不安をもつようになるのです。そのことが、それまでとは異なった不安感による人見知りを強めることにもなります。

　しかしこの時期、たとえば、四つ這いによって、怖い存在から逃れ、自分の安全基地たる母親の膝にしがみついたりすることができます（**写真3**）。さし出すという能動的な活動は、そのものを「ありがとう」といって受けとめてくれる関係があって、不安を転じて喜びの感情を子どもにあたえてくれます。この時期の、「合わせる、渡す、入れる」などの活動を、「合わせる」という意味を込めて定位的活動といいますが、定位的活動は、相手のなかにある意図に出会い、その意図と自分の活動を調整していくうえで、そして、「得体の知れない」ものごとへの不安をのりこえて、相手と共感的な関係を結んでいくうえで、大きな意味をもった活動なのです（**写真4**）。

●「定位の指さし」と憧れの心

　相手の意図に出会い、相手と感情を共有する喜びを知った子どもたちは、その相手の導きや支えに誘われるように、いろいろなものにまなざしを向け、触れてみようとするでしょう。そのとき、ほかでもない「人さし指」がその探索の水先案内人のような役割を果たします。ちょっと触れてみて、そしてお母さ

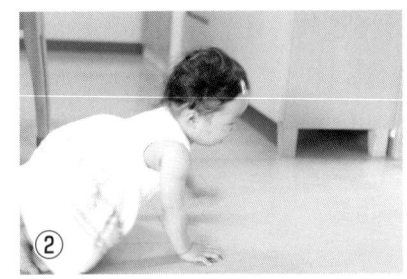

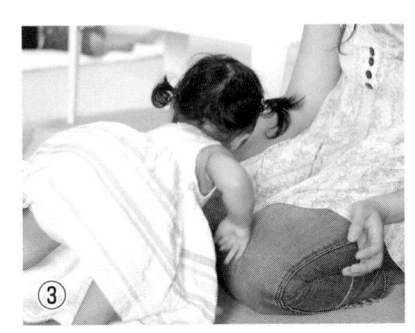

写真3　生後10か月をすぎてからの人見知り（1）

① 近づいてくるカメラマンを発見して、泣きそうになる。
②③ 一目散にお母さんの膝へ。
④ 母さんがいれば安心。カメラマンにも笑顔になれる。

写真4 生後10か月をすぎてからの人見知り（2）

① 姉ちゃんになぐさめてもらっても、怖いものは怖い。
②③ 怖くてもみたい。みればまた、怖くなる。
④ 積木を出してあげたら、上手に「チョチ・チョチ」の打ち合わせができた。それをお母さんやお姉ちゃんが、うんとほめてくれた。
⑤ カメラマンもいっしょにほめてくれた。
⑥ もっとがんばって、今度は積木を積んでみる。もう、怖いことは忘れられた。

んの顔をみて、それを肯定してくれているのを確認して、今度はつまんだり、握ってみたりするでしょう。まるで、人さし指には子どもの「知りたがりの心」が宿っているようです。

　だから、その人さし指によって、自分の探索を肯定してくれる人に、発見の事実を伝えたくなるのです。それが「ことばの前のことば」としての「指さし」になります。この指さしの奥には、珍しいものへの探索の心とともに、人の心とつながった世界が創られつつあるのです。

　この探索を、私は「いいもの探し」と名づけました。子どもはとくに、小さくてきれいなもの、動くもの、触れると変化するものを求め、命あるものへの感性を宿すようになります。そんな命ある自然との出会いを、人と心を結ぶなかで、あふれ出すほど豊かに経験させてやりたいと思います（**写真5**）。

　「いいもの探し」の心は、他者の発見した珍しいもの、身近な大人のいつも持っている生活の道具などへの強い興味にもなります。「あなた、何かいいものみつけたの」とでもいうように、友だちが発見し、魅入っているものに、「憧れ」のまなざしを向けるでしょう。お母さんがいつも使っている口紅、ヘアブラシがほしくなったり、お父さんの読む新聞を横取りしたくなります。それは、憧れの心を仲立ちとして仲間を広げ、生活の匂いのする世界に踏み込んでいく入り口なのです。

　そして同時に、その憧れの対象は、自分の手のなかにあるわけではなく、相手とつながるものであることを、痛いほど感じるようになっていきます。ほしいと思っても自分のものになるわけではないのです。そこに、あらためて自分とは異なった意図や要求をもつ存在としての他者を認識するようになっていくのです。

　つまり、この時期の子どもにとっての他者とは、自分を肯定し共感してくれる存在であるとともに、自分の意図とは異なった意図をもつ葛藤の対象としても認識されるようになるのです。他者がそのように一様ではない心の世界をもった存在として理解できるようになることは、いっそう他者のみえない心の世界に対する子どもの関心や不安を広げることになります。

写真5　10か月児の「定位の指さし」に宿る「いいもの探し」の心

① お母さんが、ひまわりの花を指さして教えてくれた。
② お母さんの指さしに誘われるように、そっと指で触ってみる。「定位の指さし」の芽生えのとき。

第1章　発達をはぐくむ目と心

1歳半の発達の質的転換期

●子どもは自分を2度肯定する

　相手の手に、相手の意図が宿ることを知った子どもたちは、自分の手にあるものを相手に「プレゼント」してあげたくなります。それは、手と手のつながりを生み、そして相手の心と自分の心のつながりをつくろうとする姿なのです。そして、さし出そうとするときに、すごく不安な表情をみせます。「私がさし出したものをあなたは喜んで受けとめてくれるでしょうか」という心配を宿した表情になります。だから、そのプレゼントを相手がうれしそうに受けとめてくれることによって、「人とつながった！」という喜びを味わうことができるのです。それは、さし出し行動に限らず、自分の「たいせつなもの」を自分のカゴに片づけられたとき、クツやパンツに足を入れられたときに、子どもは「ほらね」というまなざしで大人の反応をたしかめようとするでしょう。そこには、「がんばった私をあなたはどう受けとめてくれるでしょうか」という、相手のみえない心への探索がはたらいているのです。

　こういった子どもの心のはたらきをみつけようとするときに、「1歳半健診」などでは小さな積木を使います。手や指の力を調整しながら、こわごわと手から積木を放せるようになると、2つの積木が積み重なります（**写真6**）。そのとき、やはり子どもは「がんばった私をどう受けとめてくれるでしょうか」のまなざしを向けてくれます。大人が「上手に積めたね」と受けとめることによって、「じゃあ、もうひとつ積もう」というように子どもの気持ちがつながって、さらにひとつ積みます。そのようなかかわりのなかから、「ひとつ」ではない「もうひとつ」がつながり、結果としてだんだん高い「積木の塔」ができるようになるのです。

　しかし、積木積みはけっして簡単な遊びではありません。途中で崩れてしまうこともたびたびあります。子どもは悔しくて、テーブルの上の積木を全部払い落してしまうこともあるでしょう。でも、気持ちを立て直して、「もう1回」積もうとする心が、1歳半の発達の質的転換期においては生まれてくるので

写真6　1歳3か月ころの積木つみ

①② 右手で積もうとする。うまく積木を放すことができた。
③ 今度は別の積木の上に積もうとする。
④「もう一回」できたことが、とてもうれしい。

第1章　発達をはぐくむ目と心　41

す。そして、その心がますますたしかになっていくと、「今度は失敗しないように」と自分に言い聞かせるように、慎重に、そして積む手とは反対の手で介添えしながら、ときには積んでから向きを調整しつつ、最後までがんばろうとするようになります（**写真7**）。

　1歳半をすぎて1歳後半に発達が進み、自分を調整したり、作品を修正しようとする力が生まれてくると、積木を積むときの子どもの表情は、とても慎重であり不安げになります。そのとき、一つひとつの積木を積んで相手と目を合わせるようなことは、もうしなくなるでしょう。がんばって積みきったときに、その作品としての「積木の塔」をまじまじとみつめ、まるで「がんばった私をほめてやりたい」という顔になり、そして大人にも「ほらね」という誇らしげなまなざしで、その喜びを伝えてくれるのです。

　つまり、子どもは自分を2度肯定するのです。1度めは、他者に受けとめられることによって、2度めは、他ならぬ自分自身によって。言い換えるならば、小さな一つひとつの共感と達成感の積み重ねが、大きな「つもり」＝「目的」に質的に変化していくことになるのです。そこでは、失敗から自らを立ち直らせる力が生まれ、さらに、「今度は○○してみよう」という「つもり」がつながっていきます。

　つまり、「うまく積めるだろうか」という矛盾を、相手に受けとめられ励まされて一つひとつのりこえる過程が、やがて自分の「つもり」をもって、ひとつの大きな目的を達成しようとするような心の飛躍に結びつくのです。このような矛盾の克服過程において大人は、好意的に自分のことを受けとめてくれる存在として子どもの心のなかにあります。

● 「○○ではない□□だ」

　「入れる」ということは、2つのものを合わせることでもあります。器に積木を入れるとは、積木と器を合わせる操作なのですが、それを次のような条件のもとで発揮させてみましょう。

　2つの器を子どもの前に並べて、「どちらにも同じに入れてね」と要求します。1歳前半の子どもは、最初に入れた器に次も入れようとするでしょう。そ

のようなつながりができると、そのつながり通りに次もその器に入れるのです。結果として、数個あった積木は、全部一方の器に収まってしまいます。せっかく2つ並べてあるのに、両方の器に入れることはしません。しかし、全部を「ひとつ」の器に入れてしまっても、そのあとで「もうひとつ」の器があることをみつけて、そちらの器に移し替えようとするでしょう。そうして移し替えてから、また他方の器に戻そうとするのです。このような移し替えの作業は、保育所の砂場などでよくみかけます。子どもは、左右のそれぞれの手に持った器の砂を、一方から他方の器に移し替えようとする遊びを、飽きることなくつづけているのです。そうすることによって、左右の手という「対(つい)」の関係を何度も往復しながら、心に刻みこんでいるようにみえるのです。一見代わり映えしない遊び方ですが、そこにもたいせつな意味がありそうです。

　そして、1歳半が近づいてくると、最初に入れたことに支配されるのではなく、その経験を断ち切り、次は「もうひとつ」の器に入れようとするような、意識的な「入れ分け」をするようになるのです。そこには、「○○ではない□□だ」というような思考の力がはたらきだしているのです。おそらく、この入れ分けができるようになったころは、その入れ分けが自己目的化するがごとく、何度も入れ分けを試みて、積木を両方の器に片づけてくれるでしょう。その「入れ分け」の量的な蓄積が、自分のなかに「対」の世界を刻みこむということなのです。これは、新しい「可逆対(つい)操作」の獲得でもあります。

　ところが不思議です。2歳が近づいてくると、このようなていねいさのある「入れ分け」ではなく、両手でいくつかの積木をまとめて一方の器に入れ、そして残りを同じようにして他方の器に入れようとするような、二分的な入れ分けをする子どもが増えてきます。その姿はあたかも、「両方に入れればいいんだよね」というように、大人の意図を受けとめ、自分の思考と気持ちをくぐらせて、自分の意図で入れ分けているようにみえるのです。つまり、「積木の塔」でもそうであったように、相手の意図を受けとめ、自分の意図として実現していこうとするような、自分と他者が「分れつつ、ひとつになる」という分化と統合の過程を、そこにみることができるのです。

第1章　発達をはぐくむ目と心　　43

写真7　1歳6か月ころの積木つみ

① 積木を持つ手とは反対の手で介添えをしたり、調整をしたりする。
② はやる心が、右手に3つの積木をつかませている。
③ がんばっていたのに、積木の塔は崩れてしまった。
④ その失敗を受けとめようとして、両手に持って合わせてみたり、大人のようすをうかがったり。

⑤ しばらく両手の積木で遊んで、「心のリハーサル」を試みる。
⑥ かたわらのお母さんにさし出して、応援の心を確認する。
⑦ 「もう一回」がんばって挑戦しようとするが、高く高く積み上げることは、躊躇せざるをえない。
⑧ がんばって、3つの積木の塔を建ててみた。

●一方向性から可逆性へ

　「入れ分け」において、一方にすべてを入れてしまうことになる１歳前半では、生活のなかでも、そのような「一方向性」がみられます。お母さんがいつもの黄色い買い物カゴを持ったならば、外に連れて行ってもらえるということを経験している子どもは、今日もお母さんのその姿をみて、外出できることを確信して待ちます。ところが、今日はお客さんが来るので、玄関に置いておいては目障りな買い物カゴを、お母さんは片づけようとしたのです。お外に連れて行ってもらうことはできません。その事態に遭遇して、子どもは泣き叫び、外に行きたいことをからだ全体で表現するでしょう。それでも、その要求を受けとめることはできません。このような子どもの一途なねがいこそ、相手には相手の要求があることを知っていくきっかけになるのです。それはあたかも一方の器にすべて入れようとするからこそ、他方の器があることを知っていくきっかけができたように、「自－他」の関係においても、この一方向性が自分ばかりではない他者にも要求があることを知るきっかけになるのです。

　つまり「AならばB」「CならばD」などという一対一対応の思考や記憶のしかたから、「AならばBかもしれないしCかもしれない」というような、「思い込み」ではない思考や調整を自分のものにしていくのです。これが１歳半の発達の質的転換期のダイナミックな変化の過程です。このような「○○ではない□□だ」というような力を、田中昌人さんは１次元可逆操作と名づけました。この「○○ではない□□だ」という可逆操作は、考える主体、要求する主体、「自－他」を調整する主体としての自我の芽生えと根っこを共有しているのです。

　１歳半健診では、はめ板という課題で「○○ではない□□だ」の芽生えを確認します。最初、丸い孔に丸い板を入れさせ、それをしっかりと認めたうえで、孔のあいた板を180度回転して、「もう一度入れてね」と要求します。１歳の前半ならば、まず四角の孔のところに丸い板を入れようとするでしょう。なぜならばさっきそこには丸い孔があって、入れられたのですから。しかし、形がちがうので入りません。この「お手つき」を経験して、気がついたように反

対側に移動している丸い孔に、手にしている板を入れ替えることができるのです。ここにも、一方向性があるからこそ、それをきっかけにして芽生えてくる「○○ではない□□だ」を発見することができます。

●「閉じた対」をつくらないために

　ところで、子どもの「お手つき」に対して、あるいは四角い孔にこだわって丸い板を入れようとするような子どもの反応に対して、多くの大人は苛立ちます。大人の側は、子どもがその反応をつづけると、ついつい「そっちじゃないでしょ」ということばを発したくなります。それは、明らかに他方への入れ替えを子どもに対してうながしているのであり、そのことば通りにすれば、丸い板はきれいに収まるのです。ところが子どもは、いっそう四角い孔にこだわって、そしてにっちもさっちもいかなくなって、ついに手にした板を放ってしまうでしょう。答えを教えているに等しい大人のことばに、子どもが苛立ったのです。

　この「○○ではない□□だ」という1次元可逆操作は、子どもが自分の失敗や試行錯誤を経験するなかで、その事実を受けとめ、自分の力で切り替えていく力なのです。その試行錯誤は、子どもの主体的な努力の過程であって、それに対して「ちがう」「そうではない」というような性急な方向づけは、子どもの努力を否定するニュアンスでしかありません。大人の側に、その努力をたいせつな姿として理解して受けとめ、「そっちかな？」と問いかけてみるような気持ちがあれば、子どもは少し落ち着いて自分で切り替えてくれるでしょう。

　このような大人の一方的な指示や否定は、日常茶飯事のように子どもに対してくり出されます。子どもが手を出す前に、大人が指示のことばを出しているのです。子どもが自分で自分を切り替えるということのたいへんさ、その努力の過程への想像力を、大人がもたないといけないのでしょう。この過程での否定や禁止は、いっそうそれをしないではいられない心に子どもを閉じ込めることもあります。私はこれを「閉じた対」と呼んでいます。具体的には第3章で述べますが、大人のかたくなさに、子どももかたくなにならざるをえないのです。

この時期、「○○ではない□□だ」という１次元可逆操作をもって、他者の意図とも「○○ではない□□だ」とたたかいながら、自分自身を自分によって統制していく力が生まれるのです。この力こそが自我であり、この発達段階こそが、自我の芽生えというにふさわしいときなのです。生まれたばかりの自我は、それへの最大限の配慮を大人に要求しているのです。

● **自我が起点をつくる**

　「○○ではない□□だ」という１次元可逆操作は、自分と他者との関係でも使われます。象徴的な姿は、「引き寄せる」という活動です。友だちが楽しそうに遊んでいるおもちゃに、すぐに手を出して自分の方に引き寄せようとします。当然のように、その友だちは引き戻して抵抗するでしょう。そうなれば、いっそう強引に引き寄せて自分のものにしようとするのです。「あなたのものではない、わたしのもの」と互いに表現し合うように、この取り合いは収拾がつかない事態にいたります。子どものわがままが目についてしまいますが、それは大人の価値観を通した見方なのであって、この取り合いを通して、友だちには友だちの意志という心のはたらきがあることを感じ、知っていくのです。そして、このぶつかり合いのなかから、「自分」をいっそう意識するようになっていくし、その自分の中核に自我のはたらきを発達させていくのです。さりとて、子どもだけでこの自分と他者の間に生じたぶつかり合いを解決していくことはできません。大人のかかわり方については、第２章でお話ししましょう。

　「引き寄せる」という表現を使いましたが、同じことは、たとえば、積木を積むときでもみられます。１歳前半では、最初にどの積木の上に積むかは、子どもにとって重要なことではありません。とりあえず目に入った積木をつかみ、やはり目に入った積木の上にのせようとします。しかもどちらか一方の手で。しかし、１歳半の発達の質的転換期を越えていくと、「ひとつ」の積木を自分の正面に引き寄せるようにして、そして他方の手でその上に「もうひとつ」の積木をのせるのです。この「引き寄せる」ことは、自分の活動の場所を自分で確保する活動であり、つまり自分の領域を定めて、それを起点にして自分の活動を積み重ねていくことです。だから生活でも、自分の場所や自分の器

を意識して食べることができるようになりはじめます。友だちの食べているものも魅力的ではあるのですが、それに手を出すのではなく、自分の手を使って味わうことに心を集中するようになります。まるで自分と他者がぶつかり合い、響き合いつつ「分化」していくように、一方だけではない左右の手が「分化」して使われるようになるのです。まさに、手と手の間に自分の世界を創っていくようにみえます。

● 生活の主人公として尊重する

　芽生えはじめた自我は、何事も自分の力でやってみたいという要求を育てます。子どもは、すでに生後10か月ころから食べさせられるのを嫌い、自分の手で食べたいという要求をもちはじめるのですが、何にもつかまらないで立ち上がれるころには、いろいろなことに「自立」に似た要求をもつようになります。手づかみではないスプーンで食べたいのだ、自分で足を通してクツを履きたいのだ、しかも一方のクツだけではなく他方も、ご飯を食べるのではなくデザートのバナナから食べたいのだというように。つまり、そこには「他者ではない自分」の要求で生きようとするねがいと、自分の選択によって、ひとつではない選択肢をもって生きようとするねがいが生まれているのです。「○○ではない□□だ」という1次元可逆操作が、自我の発達を鼓舞していることがわかります。

　だからこそ、どんな小さなことでも「自分でできた」という喜びになるように応援したいものです。そして、できるだけ自分で選べるように、子どもに問いかけることをたいせつにしたいと思います。

　そのような自我を育てることは、「わがまま」を助長することになるのではないかという心配もあるでしょう。しかし、ほんとうに好きなことを知らない子ども、自分でできる手ごたえを知らない子どもは、「がまん」ということばの意味を理解することはできないし、自分で自分をコントロールしてがまんの力を磨いていくことはできないはずです。

● 生活を再現する遊び

　自分でできる喜びを知った子どもは、その喜びをいろいろなところで、いろ

いろな人に対して再現して、伝えようとします。たとえば、コップで飲むことができるようになった子どもは、目の前にコップがあれば、そこに何も入っていなくても、口につけて飲む真似をして微笑むことでしょう。お母さんがクシで髪をとかすようすも、日ごろから憧れをもって眺めているのでしょう。目の前にクシがあったならば、まじまじと眺めつつ、自分の頭につけてみるのです。憧れの心をもって自分でできるようになった喜びを「生活再現遊び」で表現しようとするのです。そこには、「自分でできる」という喜びと、それを伝えたくなる他者がいるという、2つの要素が獲得されてきているのです。

伝えたくなる他者がいるということは、すでに生後10か月ころに芽生えた、一つひとつの発見の喜びや「合わせる、渡す、入れる」喜びを伝え合う関係が、いっそう豊かに発達してきている証拠なのです。

このような生活再現遊びは、本物でなくても見立てて、「そのつもりになってみる」ということであり、「みたて・つもり」遊びといわれます。いわば、そこには本物ではないものと、子どもがほんとうに表現したいことが分かれた形で存在しているのです。子どもの表現したいことは、子どものイメージのなかにあるのであり、表象といわれる心のはたらきです。

1歳半の発達の質的転換期では、この「つもり」が芽生え、表現したいことが子どものなかに表象として存在している姿を確認することができるでしょう。

● 「受けとめる」ということ

1歳半の発達の質的転換期をのりこえていくことによって、「○○ではない□□だ」という1次元可逆操作をもった自我が芽生えていきます。それは、自分と他者の関係においても、自分の要求を自分でわかり、そして他者の要求は他者の要求として知り分けていく力をもつことになります。そんなときにたいせつなのは、このような知り分けの力を、前向きな葛藤のために使えるようになることです。詳しくは第2章で述べますが、大人が子どもの要求をしっかりと受けとめることによって、子どもも自分の要求を認識しながら、他者の要求に耳を傾けられるようになるのです。

「受けとめる」とは、その要求を「受け入れる」こととはちがいます。子ど

もの要求にしっかりと耳を傾けることであり、そうねがっている理由をたいせつにして理解しようとすることでしょう。子どもをひとりの人間として尊重したいのです。「バナナ、見ちゃったんだもの、食べたいよなぁ」というふうに。たいせつにされているという実感は、きっと子どもにも大人のねがいをたいせつにしようという気持ちをつくってくれるにちがいありません。

　そのことによって、子どもは「○○ではない□□だ」という１次元可逆操作を発揮し、自分の要求と他者の要求を心のなかで並べて、揺れ動くのです。その揺れ動きが貴重なのです。

　もし、要求を頭から否定されることになるならば、この揺れ動く心のプロセスに子どもは入ることができません。否定されたことによって、その要求のみにこだわり、いっそう一本気にそれを通そうとするでしょう。その姿をみて狼狽(ろうばい)しつつ、大人も自分の要求を子どもに押しつけようとするのです。そこには、要求と要求の一方向的なぶつかり合いしか生まれず、「閉じた対」に２人で入ってしまいます。この一方向ではない、互いが受けとめ合うという意味での双方向の関係を獲得していくことは、実は人間の発達の本来の姿を示す大事なことなのです。

２歳、その矛盾に満ちた発達

●２つの方向性をもった２次元の世界

　２歳になると、子どもは他でもない自分自身の「つもり」＝「目的」をもって、「積みきろう」「入れきろう」「運びきろう」などと、「やりきる」ことへの思いを高めるのです。やりきったことが、大きな達成感を子どもにあたえてくれます。まさに「自分をほめてやりたい」と表現したくなるような自己肯定の感情が生まれてくるのです（**写真８**）。

　その自己肯定の余韻をともに喜んでくれる存在があることによって、ひとつの達成感が次の達成感を求める意志を生みます。ひとつの活動が次の活動を生み出すようにつながり出すのです。積みきったなら、今度は並べてみよう。そして並べた積木の先端に、並べるのではなくて積んでみようというような、一

第１章　発達をはぐくむ目と心　51

写真8　「積木の塔」を完成させた「自分をほめてやりたい」2歳

方向ではなく2つ以上の単位をつなげて、つくったり描いたりすることをはじめるでしょう。

「グルグル丸」である円錯画は、それ自体が道具を使えるようになった喜びの表現ですが、そこにも「しめくくり」が生まれ、ひとつではない円錯画を紙の上に描き連ねるようになります。その円錯画の一つひとつにも、始まりと終わりが意識されるようになり、やがては始まりと終わりをつなげることで、閉じた円が描けるようになるのです。始まりと終わりが意識されることによって、線を描くときには終点を意識した姿がみられます。ひとつの線が次の線を描くことにつながっていきますが、そこに「ひとつ」ではない、「もうひとつ」の別の方向を意識して、交差した線や十字が描けるようになるのが2歳のなかごろなのです。おそらく、積木の構成にも、縦と横をつなげて「トラック」をつくるような表現があらわれるでしょう（**写真9、写真10**）。

この「ひとつ」ではない「もうひとつ」の方向性をもった活動をつなげていくことが、2歳なかごろからの「2次元の世界」のはじまりを告げる特徴なのです。

● 「はじまり」は自分でつくりたい

さて、一方向性を克服して2歳になった子どもたちは、すでに述べたように何かをつくったり描いたりする活動においても、「つもり」の実現が、新しい「つもり」を生み出すという「つながり」のシステムを獲得しはじめます。

この「つながり」のシステムは、「○○の次には□□をしたい」などという時間的な見通し、「○○に行って□□をする」などという空間的な見通しの力にもなります。「したい」と表現したところが大事なのであって、自分の本物の要求をもって生活できるようになっている証なのです。

ところが、「ご飯よ」などというお母さんのことばに素直に応じてくれるわけではありません。「いや！」「いらないの！」などと本心からではないことばが返ってくるようになります。反抗期に突入しているのです。

これは、明らかに自我の力の強まりによってもたらされている姿です。つまり、「つもり」の実現が新しい「つもり」を生み出す力をもった子どもにとっ

写真9　2歳になったばかりの「トラック模倣」

① どちらの手も使って、「横へつなげる構成」を試みる。
② 横がつながったところで、モデルを確認する。
③④⑤ しかし、次に「縦へつなげる構成」へと転じることはむずかしく、モデルの「トラック」の荷台部分に気持ちが向かい、そこに自らの積木をのせようとする。
⑥ 自分の積木をモデルに全部のせる。しかも、対称的な形になるように、ていねいに調整する。このように、横に縦をつなげる2次元を構成することは、2歳になったばかりの子どもにはむずかしく、その2次元に注目するところで、モデルへの接近という反応が出てくる。そこには、「つくりたいけれどもむずかしい」「わかりたいけれどもわからない」という先鋭化した発達の矛盾が潜んでいる。この段階では、トラックのような非対称の形はむずかしく、対称的な構成を試みようとするような意志がはたらいている。

写真10　3歳の「トラック模倣」

①② 3歳になったならば、あらかじめ横に縦をつなげるという2次元の形を理解してから構成をはじめる。
③④ モデルをみて確認することはせずに、縦の積木をのせることができる。

て、自分が生み出したのではない他者の「つもり」にそうことは、受け入れがたいことなのでしょう。

　もし、大人が忙しさゆえに子どもを抱きかかえて階段を上り下りしようものなら、その無遠慮な対応に対して、もう一度振り出しに戻って、自分の力で上り下りをやり直そうとします。車から抱いて下ろそうものならば、泣きながらもう一度乗り込んで、自分の足で降りようとするのです。泣きながらも自分の主張を、自分の行動で通そうとするところに、ひとつではない「つながり」のシステムをもったたくましさを感じます。大人は、この現実においてたいへん苦労するときではありますが。

　つまり始点と終点という活動の単位をはっきりと認識しているがゆえに、始点に戻ろうとするのです。このような「やり直し」を主張できるということも、子ども自身にとってはたいせつな経験です。そのことを通じて、心のなかで、もう一度自分の「つもり」をたどり、意識し直しているのですから（**写真11**）。

　このように考えると、反抗期をいかに子どもとつきあうかのヒントもみえてきます。つまり、始点を押しつけるのではなく、始点は子どもがつくれるようにするということです。「ごはんよ」ではなく、「今日のご飯はサチコの大好きな唐揚げだなぁ」と、子ども自身が自分の要求として「ご飯」を取り入れられるようにするのです。おそらく、反抗は、このような見通しの力を発揮して自分で生活したい要求があるのに、現実の生活は自分で見通しがもてるものになっていないことへのリアクションではないでしょうか。そこには、見通しがもちたいけれどももてないという矛盾や不安感も潜んでいるように思います。

●対比的認識への発達

　さて、自我がたくましくなりはじめると、いっそう友だちのものを自分のものにしようとするような「取り合い」が日常茶飯事になります。しかし、そのような現実とは裏腹に、自分から友だちにさし出したり、交換を楽しんでいる姿もみられます。「よくばりさ」と「気前のよさ」が同居しているようにみえるのです。しかし、「取り合い」はくり返されます。そんなとき、「全部は貸してあげられないよね、でもひとつだけ『どうぞ』って、貸してあげよう」「ち

写真11　大人のお節介に、「やり直し」を要求する2歳児

① 自分の足で下りようとした階段を、お母さんが抱き下ろしてしまったことに対して、泣きながら階段の上まで戻る。
② 自分の足でやり直す。悔しい気持ちは簡単にはおさまらない。

第1章　発達をはぐくむ目と心

ょっとだけ乗せてあげようか」などという大人のことばに対して、表情はこわばったままでも、ほんとうに「ちょっと」貸してあげられたりするのです。そこには、「全部」と「ちょっと（少し）」という対比的な理解が育ちはじめています。その対比的認識をもっているからこそ、「ちょっと」のがまんが可能になるのが2歳なのです。つまり、強いばかりの自我ではなく、自分にも向き合いつつ、自分を調整できるしなやかな自我に質的に変化してきているのでしょう。そこには、「対比」「比べる」という新しい操作の力の誕生が反映しているようです。

このような対比的認識は、生活のなかでは「大きなイチゴがほしい」というような、比べて大きい方を選ぼうとする要求に結びつきます。器のなかの「おかず」も自分の好きなものならば「大きい」方を選ぶし、好きでないならば「小さい」方を選ぶでしょう。比べることが意味をもちはじめる発達段階なのです。

だから「大きい○」と「小さい○」が描かれているカードを用いて、「どっちの○が大きいですか」と問えば、見比べて「大きい○」を指さすことができるようになるのです。2歳の前半は、まだ「大きい○」を自信をもってさし切ることはできずに、不安げにさしたり、「大きい○」をさしてから「小さい○」もさしてしまうかもしれません。2歳後半になると、その不確かさをのりこえるようになります（**写真12**）。

このような対比的認識は、「2つ」を「『ひとつ』プラス『ひとつ』」として理解し、「ひとつ」と「2つ」が区別できるようになる数の概念の基礎をつくることになります。それゆえに、対比的認識のたいせつさを知っている人は、カードなどを用いて子どもに問いかけたり教えたりしたくなります。しかし、そのような学習は、ほんとうの対比的認識を子どもにあたえてはくれないでしょう。なぜならば、1歳半の発達の質的転換期をのりこえていくときに、「○○ではない□□だ」という1次元可逆操作をもった自我が、自分で選んだり、自分の要求と他者の要求の間で「揺れ動く」経験をたくさんしたことによって、小ではない大を、揺れ動きつつ選択する力になったのですから。それはカ

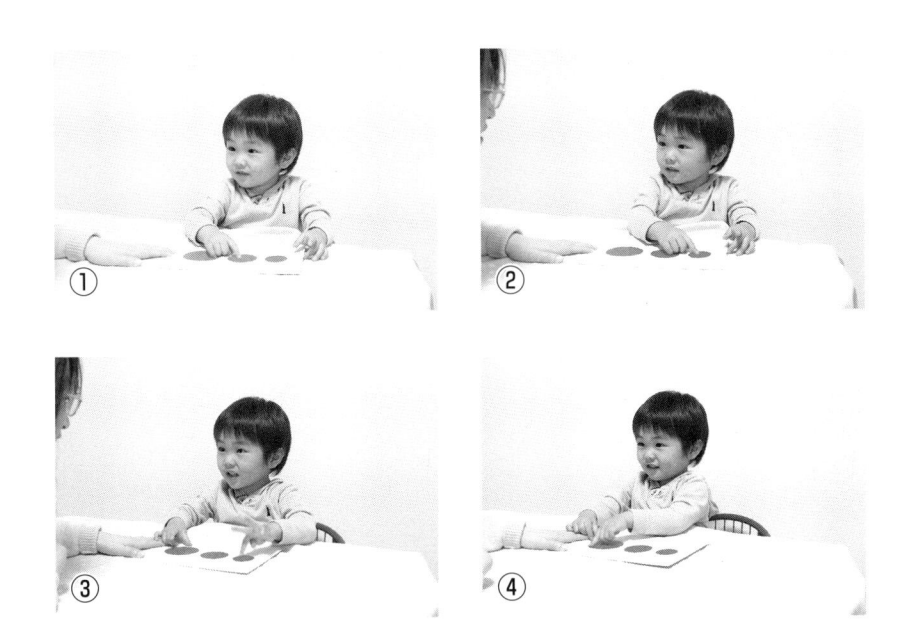

写真12　対比的認識が芽生えはじめる2歳児

① 「一番小さい丸はどれですか？」と問われて、3つの丸のなかから選択することには自信がない。2歳児にはむずかしい質問である。そこで、2番目に小さい丸をさすが、自信のなさが大人の反応をうかがう表情になってあらわれている。
② もう一度問い返されて、先ほどの丸ではないことを理解し、もっと小さい丸をさすことができた。
③ その答えを肯定的に受けとめてもらったので、もっと力強くさし示す。
④ 「一番大きい丸はどれですか？」と問われて、今度は少し自信をもってさすことができた。対比的認識は、このように不確定さをもっていることが大切なのであり、その不確定さは大人との関係で、肯定的に認められることを通じて、たしかさを獲得していく前提になる。

ードの学習で、一朝一夕に身につくものではありません。

● 自分より大きい世界に入れない葛藤

　対比は、「全体と部分」という認識を子どもの心のなかに生むことにもなります。それは、「自分と他者」という関係にとどまらず、「自分と集団」「自分と場の雰囲気」などという対比になるでしょう。そして集団や場の雰囲気のなかにいる自分を感じることになり、結果として集団のなかに入ることを躊躇することになったりします。

　見通しがもてるようになっているからこそ、見通しがもてないことへの不安が生まれるのと同じように、集団のなかに入れるだろうかという不安が子どもには生まれます。つまり、何よりも見通しがもちにくいのは、自分自身についてなのです。そんな不安な心が、みんなのなかに入れないだけではなく、指をすったり、いつも同じハンカチを手にしていたりという「くせ」を子どもに生みます。

　集団に入れないことも、「くせ」が生まれることも否定的にみられがちですが、「入ろうと思っているからこそ入れない」という葛藤が心のなかにあるのであり、それゆえに葛藤を支えてくれる「心の杖」が必要になるのです。「心の杖」はそれを持っていることによって葛藤に負けないで、一歩踏み出す支えになります。

　大人が子どもに前向きな心があることを理解できるならば、子どもが入りたくなるような雰囲気や活動、遊びを用意することがたいせつだと理解できるでしょう。つまり、保育や教育の内容に自負をもっていればこそ、「入れない」という子どもの姿を、余裕をもって受けとめることができるのです。この発達段階の子どもは、「状況のなかでの自分」という認識をするために、雰囲気によって感情のもち方が変わってきます。たとえば、食事も、雰囲気を食べるという感じがたいせつなのです。遊びも、楽しい雰囲気のなかでこそ、気持ちが動いていくのです。

　そこには、他者と「つながって生きたい」という子どもの深いねがいがあります。そのねがいの強さゆえに、そうではない現実という矛盾を子どもに引き

起こすのでしょう。つながって生きることは、ひとりのがんばりではない、がんばり合うという経験のなかから生まれてきます。パンツもひとりではくのではなく、友だちのがんばりと向き合いつつ、自分もがんばるのです。ひとりで運ぶよりも、２人で運ぶことの方が楽しいでしょう。相手にリズムを合わせるということはたいへんなことですが、だからこそ、喜びもあるのです。

　このように、２歳児の心は、大きなたたかいのなかにあります。そのたたかいのなかに、人とつながる連帯へのねがいが潜んでいるのです。

【註１】
　「横への発達」は、さまざまな内容をもつことばとして、想像力豊かに、かつ議論し合いながら理解していきたいものです。
　糸賀一雄さんのことば。「発達とゆうのは、はえば立て、立てば歩めという『縦軸』の発達だけじゃなくて、横に豊かなものがいくらでも発達してゆくのだということ。それは何かとゆうと、感情の世界をね、豊かにもっているということです。縦の発達だけじゃなくて、横の発達もあるということに、私たちは希望をもつんですよ」。
　田中昌人さんのことば。「上田君、あ、やっぱり心のツエとしてのヒモをもっています。でも一人でやっているのではなくて、仲間と一緒に働くことができています。心のツエの意味がかわっていくんだ。そのように私たちに言っているように思えます。一人の時のツエではなくして、仲間と一緒に組むためのツエに変わっている訳です。それだったら、ヒモをもっていたっていいじゃないか。ヒモをもっていると、そのヒモをはずさせようとするように、そういうふうにだけ私たちは見がちです。出来ないことを出来るようにさせようとする。そのことによって相手の気持ちを無視して、出来ることすら、出来ないようにさせてしまったのではないか。出来ることが、いろいろな仲間の中で、出来るようにして行く。きまりきった関係の中ではなくて、仲間をかえていく中で、仕事をかえていく中でやって行こう。これがとても発達に働きかけて行く、そしてそのことをとり組んで行くことによって、私たちが子どもの見方を

かえて行くことができる、という意味で、大切な方向じゃないか。上の方へひっぱりあげて行こうとすることによって、根っこが抜けたようにさせてしまう。そうなるんじゃなくて、先生たちの中で合言葉として、いわば横への発達というものを追求していこうじゃないか。」（『夜明け前の子どもたち』のシナリオより）と言われるようになりました。

　障害の重い子どもたちとの「共感の世界」に希望を見出そうとしていた糸賀さんが、「感情の世界の豊かさ」を「横への発達」のたいせつな意味としてとらえていたことは、当然のことです。一方、田中昌人さんは、「可逆操作」が発揮されていく外界（そこには重要な要素としての対人関係が含まれますが、それだけではなく）との関係が広がり、豊かになっていくことを説明しようとしているのでしょう。そして、いずれも「横への発達」によって、一人ひとりの人格的豊かさが実現していくと考え、それを認め合うことができるような社会のありようを問いかけようとしていることに、かわりはありません。

【註2】

　スイスのジュネーブに生まれ、パリ大学などで教鞭をとった心理学者、ピアジェ（Piaget,J.）は、可逆的思考が可能になる7、8歳頃からを可逆性の成立する発達段階ととらえました。たとえば、ビーズ20個を子どもに提示します。そのうちのほとんどは茶色（A）ですが、2、3個は白色（A'）です。そして、全体のビーズと茶色のどちらが多いかをたずねます。7歳以下の子どもは、茶色のビーズが多いと答えることが多いでしょう。なぜならこの段階は、構成要素に分ける操作をしてしまうと、もう一度全体に戻って考えることがむずかしく、その結果、AとA'の比較をしてしまうのです。思考が可逆性をもつようになると、再び全体に戻ってビーズ全体の集合をとらえることができます。

　田中昌人さんは、このような可逆的思考の成立からを可逆操作の段階とみるのではなく、人間の発達を貫くすべての段階において、新しい可逆操作が高次化していくようすをとらえようとしたのです。つまり、ピアジェにとっての可逆性は特定の段階から成立するものですが、田中さんは「階層－段階」を貫く

ものとしてとらえていました。

【参考文献】
①糸賀一雄（2003）復刻・この子らを世の光に．NHK出版（原著は，1965年に柏樹社刊）．
②糸賀一雄（1968）福祉の思想．NHKブックス．
③白石正久（1994）発達の扉・上巻——子どもの発達の道すじ．かもがわ出版．
④白石正久（1999）発達とは矛盾をのりこえること．全障研出版部．
⑤白石正久（2006）発達をはぐくむ目と心——発達保障のための12章．全障研出版部．
⑥田中昌人（1980）人間発達の科学．青木書店．
⑦田中昌人・田中杉恵，写真・有田知行（1981～1988）子どもの発達と診断・全5巻．大月書店．

第2章

やわらかい自我のつぼみ

―3歳までの感情、自我、対人関係の発達―

本章では、子どもの発達における感情や自我のそだち、そしてそれを支える対人関係のあり方について考えていきます。この部分は、人間を構成するさまざまな機能のなかでは、文字通り「やわらかい」というべき性質をもっています。その「やわらかさ」が、ともに生きるものにさまざまな喜びをあたえてくれるのですが、同時に思い通りの形には育ってくれないという困惑の原因にもなります。

　また、「やわらかさ」は、子どもを取り囲むさまざまな環境、人間関係、他者の精神のありようによって、いかようにも形を変えるという点で、その環境などを規定する社会のあり方の影響を強く受けるものでもあります。

　「子どもの発達の危機」がいわれる今日において、実は子どものなかにある危機なのではなく、この「やわらかい」部分を守り育てられないという社会の危機の反映ではないかという視点が求められていると、私は考えます。そのことを考えていくことも、本章の目的のひとつです。

子どもの思いを受けとめる

子どもの心へのまなざし

　子どもは、小さいながらもたくましい自己変革のねがいをもち、さまざまな現実と向き合い、前を向いてたたかっています。だから、自分の足下をみつめるばかりではなく、常に未来への夢と希望をもって生きようとしているのです。そこに、子どもの本質があらわれていると私は思います。私たちには、子どもの立場に立ち、子どもの生きる時間の流れのなかに入って、長い時間の単位のなかで、ともに前を向いて生きる姿勢が求められているのです。

　そうやって「子どもの思いを受けとめる」ことのできる大人とは、どんな存在でしょうか。私は、子どもへの愛情をもって向き合える存在のように思います。この明瞭なことが、実は簡単ではありません。子どもを愛するのは、たやすいことではないのです。

　しかし、次のことはいえるでしょう。私たちは、子どもの心の真実に触れる

こと、たたかいつつ生きる子どもの心のありようを知ることによって、抱きしめてやりたいような思いに駆られることがあります。私たちは、「よくなろう」という自己変革のねがいをもって発達しようとしている子どもの姿を、抱きしめずにはいられないのです。

実は、大人である私たち自身が、すぐには受けとめることのできない現実と向き合い、たたかいつつ生きているのであり、その自分自身を含む現実とのたたかいは、子どもよりもずっと長い時間をかけて経験してきたのです。まさに、「抱きしめずにはいられない」のは、子どもばかりではなく、他ならぬ自分自身であり、自分と同じに人生を生きる仲間であるはずです。ここにこそ、人と人が愛情をもって生きるためのたいせつな共感の世界があるのです。

発達の危機と矛盾

子どもの発達には、さまざまな危機があります。危機は、それまではみられなかったいろいろな理解のむずかしい行動があらわれ出ることであり、その結果、本人も周囲の人々も困惑するときです。しかし、そのような目にみえることだけではなく、深いところで、発達のための「たたかい」が進んでいるのです。

それは発達が、単にできないことができるようになるという目にみえる変化のことではなく、たたかい、葛藤しつつ、自らの可能性を一歩一歩開花させていくという内面の変化をもっているからです。「よくなろう」という自分へのねがいと現実の自分との「ずれ」と子どもは向き合いながら、その「ずれ」をのりこえることによって、自分をつくっていくのです。この「ずれ」は、まずは本人の意識しない発達の道すじのなかにあらわれ、そして現実の生活において、本人の意識のレベルに登場するようになります。この「ずれ」を内にある矛盾という意味で内的矛盾（以下では、矛盾）といいます。発達とはこのような矛盾とたたかい、葛藤し、のりこえていく道すじなのです。

発達には矛盾の強まる時期があり、そのときこそが危機なのです。危機をのりこえることによって発達は、「質的転換」という新しい誕生をくり返してい

くことができるのですが、それは簡単なことではありません。そのとき発達は、一見立ちどまったり、うしろに戻ったり、わき道にそれたりします。そうすることによって、矛盾をのりこえるための道を探ったり、エネルギーをため込もうとしているようです。そして子どもは危機のときにこそ、手をさしのべてほしい、手をつなぎ合いたい、「きっとだいじょうぶ」といってほしいというねがいを、きわめて不器用な方法で周囲に伝えようとするのです。

自我の誕生するまで

「人を求めてやまない心」

　子どもは、生後2か月ころになると、「音色」「声色」「味」「揺れ」の変化を感じ分けることができるようになり、大好きなお母さんの抱き方、声、ガラガラの音色に喜び、おいしいミルクを味わうことができるようになります。だから、お母さんの声が聞こえたならば、一生懸命、その姿をみつけようとするでしょう。しかし、頸（くび）を上手にまわして、自分の目でお母さんをみつけるには、まだ努力がいるのです。お母さんの声のする方を向きたいけれども向けない、抱っこしてほしいのに抱っこしてもらえないという矛盾に、子どもが出会うときです。しかも、お腹が空いたのにオッパイを飲ましてもらえない、オムツが気持ち悪いのに取り替えてもらえないという自分では解決できない矛盾も、たびたび実感することでしょう。だから気持ち悪さを取り除き、心地よくしてくれる人を、子どもはかけがえのない存在として感じるようになるのです。

　このころ子どもは、お母さんをジッとみつめ、まなざし、口や手足の動き、そして表情で、何かを訴えようとしています。お母さんは、その顔に子どもの心を感じとって、「ごめんね、お腹空いたんだね」などと抱き上げながら語りかけます。そうすると子どもは、お母さんをみつめ直し、もっと一生懸命に語りかけようとするでしょう。つまりそこには、伝え合う心があるのです（**写真13**）。

　このように子どもの心をわがことのように実感する力を大人がもっていればこそ、子どもは、自らの気持ち悪さや苛立ち、それが解決したときの心地よさ

写真13　2か月児の表情

① 「おや、なんだろう」という目でレンズをみつめる。
② カメラを構えながらあやしかければ、笑顔で語り返してくれるようだ。

を表現できるようになります。「子どもの心をわがことのように受けとめられる」関係のなかで、子どもは心で「お話」ができるようになるのです。

このように相手の心に関心をもつことによって、お互いに相手のことをもっとわかり、もっと好きになっていくということです。この相互交渉のなかで生まれてくるものを、「人を求めてやまない心」と名づけます。「人を求めてやまない心」は、矛盾をのりこえるためになくてはならない心のエネルギーになります。

思い通りにならない手とからだ

生後3か月ころをすぎると、子どもはからだの「向きたいけれども向けない」という矛盾をのりこえながら、だんだん右も左も正面も向けるようになっていきます。頭の「向き癖」が強いときには、不自由を実感しているからか、あまり微笑むことはありません。しかし、「人を求めてやまない心」の高まりによって「向きたいけれども向けない」という矛盾を実感し、それをのりこえたとき、笑顔が子どもの心の奥底から表出してきます。矛盾とのたたかいのなかから笑顔が生まれるのは象徴的です。このころから微笑みに込められるものがちがってきます。相手を自分の世界に引き込んでいくような「微笑みの主人公」に生まれ変わっていくのです。この生後4か月ころからの微笑みの意味を、田中昌人さんは、「人知り初めし微笑み」と名づけました（**写真14**）。

このころ「人を求めてやまない心」の高まりは、相手の顔という一点への注目ばかりではなく、相手のしていることや、持っているものを視野に入れることへと子どもを導きます。このような関心や興味の広がりによって、子どもは相手の顔と相手の持っているものを見比べたり、目前の複数の人を見比べたりするようになります。何か新しい力が生まれているようです。それは、生後7か月ころの発達の質的転換のエネルギーとなる力なのです（**写真15**）。

この発達の質的転換期において、子どもはたくさんの見比べによって、ものや人の「ちがい」を認識し、どちらかに気持ちを向け、手を出すようになっていきます。また、単にテーブルに置いてあるものならば、さしたる興味は覚え

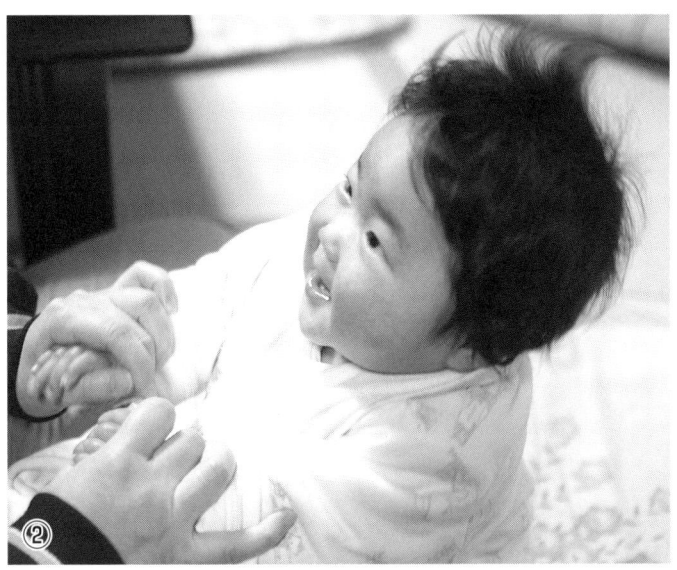

写真14　4か月児の「人知り初めし微笑み」

① 手をもって引き起こすと、頸がしっかりとついてくるようになった。
② その不安定な姿勢でも、力強く微笑みかけてくれる。まさに何かを訴えかけるような主人公としての微笑みになりはじめている。

第2章　やわらかい自我のつぼみ

写真15　4か月児の対追視と、ものと人のつながりをとらえる目

① 子どもの正面で2つの赤い積木を軽く打ち合わせ、左右にゆっくりと開いてみせる。生後4か月ころから、どちらの積木もみつけることができるようになる。まず、子どもから向かって左側の積木をみつけることができた。このとき、左手も積木に向かうように、指を開いている。
② みつけたことを、積木を持っている相手に笑顔で伝える。
③ そして、抱いてくれているお母さんにも伝える。

なくても、大好きな人が持っていることによって、とてもたいせつなものに感じられ、手を伸ばすようになるでしょう。

　見比べばかりではなく、子どもは手でつかんだガラガラなどのおもちゃを、反対側の手に持ち替えようとするようになります。しかし、持ち替えたくても上手に放せないし、反対の手は上手につかんではくれません。また、「ひとつ」のものをつかんだあと、「もうひとつ」のステキなものが目に入ると、それもつかもうと反対の手をさしのべることでしょう。それをつかんだ瞬間、今握っているガラガラは手から放れて落ちてしまいます。驚いてそれを取り戻そうとすると、今度はあとからつかんだガラガラが落ちてしまいます。子どもはだんだんイライラし、情けなさそうな表情で泣き出すでしょう。これも典型的な矛盾のあらわれです。

　このころ子どもは、お座りも長くつづくようになり、手も自由になって、ハイハイに挑戦しますが、進もうとすればするほど、前に進みたい腕の運動によって、結果としてうしろに退いてしまいます。そして情けない顔になります。

　この情けない顔は、自分の思い通りにならない現実を嘆くかのようです。「できるようになりたい、でもうまくできない」という矛盾を、はっきりと実感している姿でもあります。そして、その泣きは、自分ではどうにもならない現実への手助けや励ましを、強く求めている姿ともいえるでしょう。ハイハイしたいのに後戻りしてしまうときには、「がんばってごらん」とガラガラを手に持って子どもの正面で鳴らしてあげると、子どもは「がんばってみよう」という気持ちになります。このように子どもの情けなさに寄り添うことによって、子どもは自らの泣きたいくらいに情けない気持ちを復元していくことができるのです。このような気持ちの復元過程は、矛盾に立ち向かう心をつちかうために意味のあることです。つまりそれは、気持ちが切れないで、次の活動へとつなげていく力をもつことなのです。

人見知りに潜む心

　このような矛盾に立ち向かうときの心理的な一体感がつくられてくると、子

第2章　やわらかい自我のつぼみ　73

どもは、寄り添ってくれる人ではない、あまり知らない人に、人見知りするようになります。見比べることによって「ちがい」がわかる力がたしかになっているがゆえに、よく知らない存在への不安感が生まれるのです。しかし子どもは、「怖い」という一面的な気持ちでいるのではなく、はじめてみる人にほんとうは興味があるのです。

つまり人見知りには、「怖いなあ、でも知りたいなぁ」という揺れる心、「怖いものみたさ」の心が潜んでいます。そんなとき、怖いはずの人がニコッと笑ってくれ、そして自分を抱いてくれている大人とにこやかにしゃべっているのをみながら、「この人、きっとだいじょうぶだ、先生と笑顔でつながっている」ということを学んでいきます。そして、「怖い」という心を克服しつつ、やがてニコッと笑ってくれるでしょう。これが矛盾をのりこえた姿です。このとき必要なのは、不安な心を支えてくれる大人の膝であり胸なのです。

生後10か月ころ、人さし指が立ち上がり、「自分」が生まれる

生後10か月ころから子どもは、はじめてのものに人さし指で触れてたしかめたり、そのことを寄り添う大人にまなざしで伝えようとするでしょう。人さし指で不安をのりこえたことを、他者との関係でみつめ直し、そこに他者とみつめ合う関係がつくられていきます。そのときに、人さし指が他者に伝える手段になることを子どもは学んでいきます。

指さしは、「あれが食べたい」と人さし指に力を込めて訴える手段にもなります。人が立ち上がるように人さし指が立ち上がると、子どもは、「コミュニケーションと要求の主人公」に生まれ変わっていくのです。

そういった時期なので、子どもは大人が口に入れてくれた食べ物を迷惑そうな顔をしながら自分の手でいったん出し、それが何であるかを目でたしかめてから食べ直そうとします。一方的に手伝われるのをきらい、まず自分でしたい思いに満ちた「自分」が誕生しているのです。

「自分」が誕生すると子どもは、たとえば、保育園の朝の名前呼びの場面で、まさに「名前」を自分のものとして理解し、自分なりの方法で応え返してくれ

るようになるでしょう。そして、鏡に見入り、そこに映る「鏡像の他者」と「実像の他者」を見比べつつ、同時にその他者の膝に座るのが「赤の他人」ではない「自分」であることをわかりはじめるのです。

　この「自分」は、不安をのりこえることによって生まれたたしかな意欲をもち、それゆえに「友だち」というそれまでより広い人間関係のなかで、相手の持っているものやしていることへの強い興味を抱くようになります。「あなた、何かいいものみつけたの？　私もほしいなぁ」、それは憧れと表現すべき心のはたらきです。友だちのしていること、持っているものだからこそ輝いてみえるのです。この憧れによって子どもはたくさんのことを吸収していくし、友だちの持っているものだからこそ、それがほしいという要求にもなっていきます。

　子どもは、生後７、８か月ころの「両方の手に同時には持てない」という矛盾をのりこえると、たとえば、両手に持った積木を「チョチ・チョチ」遊びのように打ち合わせるようになります（**写真16**）。その２つのものを合わせる力は、２つの一方に「自分」を位置づけて、やがて自分の手で食べ物を口に入れる力になり、足をパンツやクツに入れる力になります。そして２つの一方に「他者」を位置づけて、相手の手に渡す力になり、「入れる」「渡す」ことができるようになるのです（**写真17**）。

　「出す」ことしかできなかった子どもが、「入れる」ことの喜びを知るようになるのは、やはり生後10か月ころからです（**写真18**）。入れることは、どのような活動であろうと、余韻を引く喜びを子どもにもたらします。なぜなら、その多くが、「自分でできる」という喜びになるからです。その余韻は、ともに喜んでくれる大人がいれば、その人の意味づけによって達成感と呼ぶべき感情を含むようになっていくでしょう。

　この達成感は、「ひとりでがんばりたい」という要求を子どもに育てます。指図されることをきらい、自分で選び、ひとりでがんばりたいのです。だから、お誕生日をすぎるころには、「いや」と「うん」のはっきりした表現ができるようにもなります。しかし、現実はまだまだひとりでできるわけはない

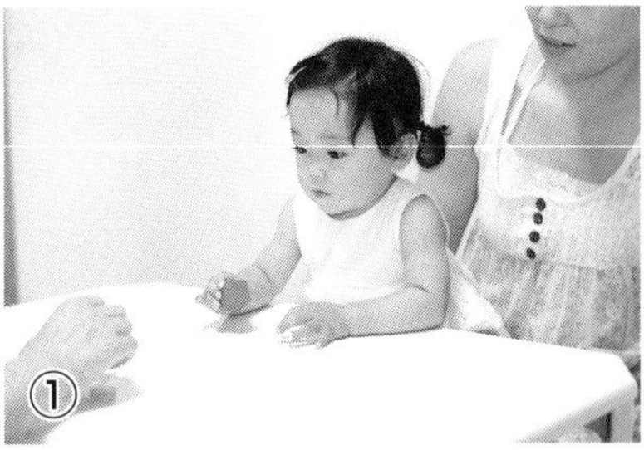
①

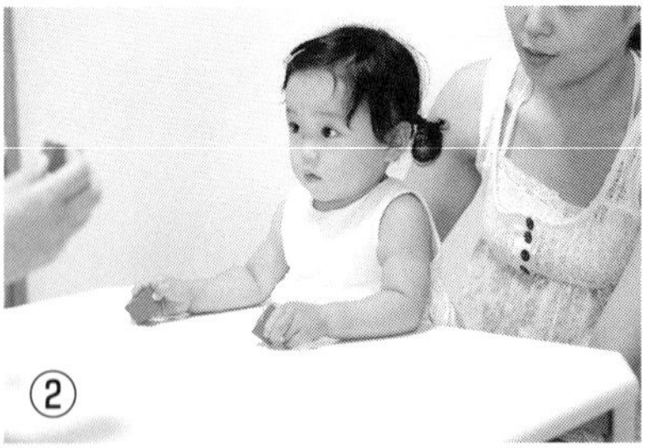
②

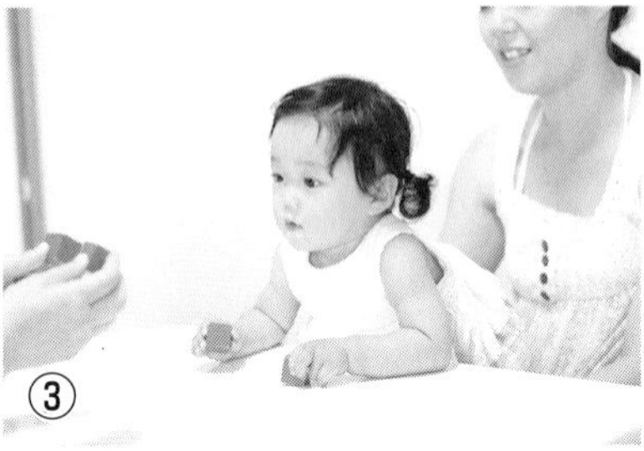
③

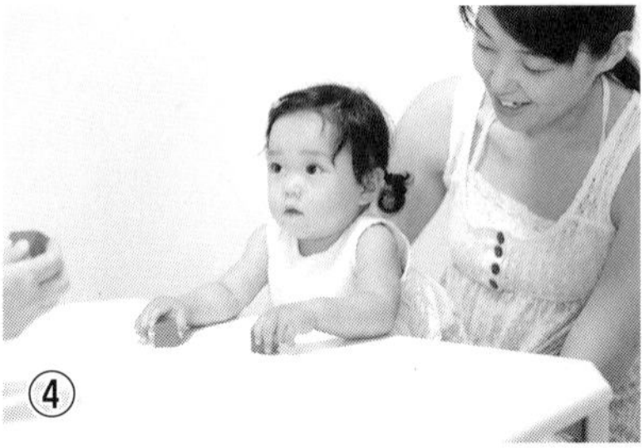
④

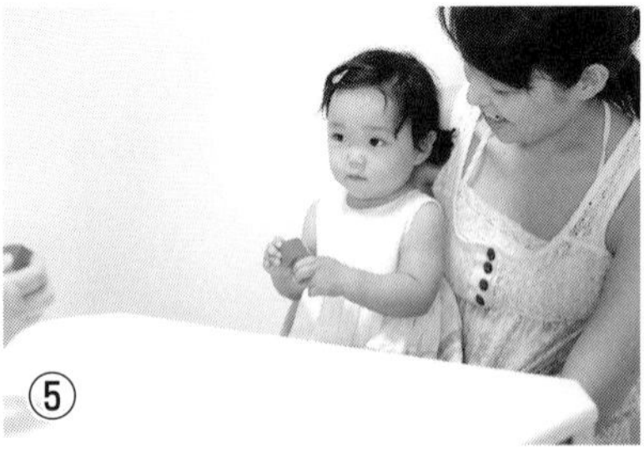
⑤

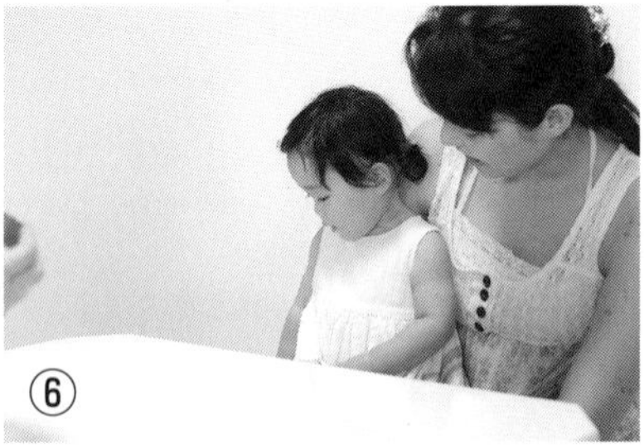
⑥

写真16 10か月児の「チョチ・チョチ」

① 提示された2つ目の積木に注目し、それも把握しようとする。
② 相手がみせてくれる「チョチ・チョチ」のモデルに注目する。このときは、自分の手は動かない。
③ さらに、モデルの動きに気持ちが引きつけられる。その前向きな気持ちは姿勢にあらわれる。
④ モデルと同じようにしてみたい、でもどうしたらよいのかわからない。そんな気持ちが相手をみつめるまなざしにこもる。
⑤ 両手の積木を合わせることができた。
⑥ しかし、「合わせられた」という事実に自分で驚いたようで、手の積木をわざと落としてしまう。自分の活動の結果を受けとめていくことにも、子どもなりの苦労があるようだ。
⑦ もう一度把握し直し、モデルに注目する。
⑧ 母親の励ましを受けとめる。
⑨ しかし、心の準備をするように、右手の積木をわざと落としてしまう。
⑩ もう一度挑戦し、自分で「チョチ・チョチ」することができた。安堵の表情になる。まだ小さい心だが、ひとつのゴールにいたるまでに、たくさんの葛藤をのりこえている。強く、やさしい心になるための道を、たしかに歩いている。

写真17 自分の手で食べたい、相手の口にも入れてあげたい

① 指先が使えるようになって、小さいお菓子も自分でつまんで食べようとする。
②③ まだ上手に口に入れられるわけではないが、「やればできる」ことで、自分の力を感じ取っていくのだろう。発達には、常にこのような自分の可能性を発見していく道すじが存在している。
④ 自分で食べられた喜びは、他の人の口に入れてあげようとするようなねがいに発展する。ひとつの達成感が、新しい達成感を欲することにつながる。

写真18　小鈴の定位的活動に挑戦する

① 小さくてきれいなものは、どの子も大好き。
②③ 小鈴を右手でビンに入れる。
④ 今度は左手でも入れられる。
⑤ ビンのなかの小鈴に人さし指が伸びる。小さくてきれいなものを発見する心が、人さし指にこもっている。

し、大人にも辛抱強く子どもを待つだけの余裕はありません。ついつい手を出してしまったことが、子どもの怒りを招くことになります。

この時期の子どもの要求は、目的めがけて突進するほどの直線的な強い意志に貫かれています。それをやめさせようとすると、子どもは自分から寝転がって泣き、怒りの感情を表現することでしょう。たとえば、大人のたいせつなものを抽斗(ひきだし)のなかにみつけ、取ろうとした瞬間にその手を抑えられると、全身でくやしさを表現します。自分の要求しかみえない一途さが、この時期の特徴です。こういった一途さこそ、実は自分の要求しか世界に存在しないというような思い込みから、他者には他者の要求があり、自分の思い通りにはいかない現実があることを、子どもが学ぶためのたいせつな力なのです。

揺れ動く心と「だだこね」

ことばが増えはじめる1歳半ころは、生後7か月ころと同じように大きな変化のときであり、発達の質的転換期です。ことばが増え、歩行でのバランスとりが安定し、スプーンなどの道具を使えるようになるなど、たくさんの目にみえる変化があるときです。しかし、そればかりではなく、たとえば、崩れてしまった積木を、その失敗に負けないでもう一度積み直してみようとするような、気持ちの立ち直りがみられる時期でもあります。生活では、パンツの穴、シャツの袖、クツに対して、片方だけではなく他方の手足を通そうとするようになるでしょう。つまり、「ひとつ」では終わらず、「もうひとつ」をつなげていく力が芽生えてくる時期なのです。

この時期、子どもは、おもちゃを片づけようとしてもカゴが小さすぎて入らない、スプーンでうまくおかずをすくえないというような失敗にもぶつかります。そんなとき、「もうひとつ」のカゴに入れ替えればいいのだ、「もうひとつ」の手で介添えすればいいのだという、「もうひとつ」の存在に気づけるように、さりげなく手がかりや支えを入れてあげればよいのです。そうすることで、子ども自身が「自分で！」の思いをかなえつつ、失敗から気持ちを切り替えることを学んでいきます。

しかし、子どもが「失敗した」という事実を受けとめ、気持ちを立ち直らせたり、「もうひとつ」に挑戦することはたやすいことではありません。そこで子どもは、積木を放ってしまったり、シャツやパンツをクチャクチャにしてしまって、あたかも発達の道すじを逆走するようにみえます。でも、それで終わろうとはせず、しばらくして、一歩うしろに退いたことをバネにして、「もう一回」挑戦しようとするのです。そこには、目にはみえないけれど、自分の心のなかでたたかう「心の過程」がつくられているのです。
　このように、心が揺れ動きながら前向きに葛藤している「心の過程」がたいせつなのです。そして、その葛藤を支えるのは、入れる、渡すなどの活動に意味を発見し、達成感を積み重ねたことによってつちかわれた、「きっとうまくいく」という子どもなりの自己復元と自己信頼の心です。
　このように、「もうひとつ」や「もう一回」に挑戦できるころ、子どもは自分の要求だけを一途に訴えるのではなく、寝転がって泣いて怒っても、相手の顔をうかがうような仕草をみせるようになります。つまり、自分だけではない、他者にも要求や意図があることを知りはじめるのです。一途であったころの子どもの怒り方を、田中昌人さんは「だこね」といい、相手の思いをうかがおうとするような姿を「だだこね」として、区別して表現しました。「だ」の数によって、「わたしだけ」から「わたしとあなた」に変化してきていることを表現しようとしているのです。
　しかも、「だだこね」は、お店で好きなお菓子を選んだり、自分で行きたい方向を選んだのに、いうことを聞いてもらえなかったという、子どもの選択への大人の対応に対して、意志をもって反応している姿なのです。

自我の芽生えと「○○ではない□□だ」

　「自分でしたい」というたしかな要求の主人公になり、かつ自分で自分の心に問いながら、自分で選び決めることのできる心のはたらきを自我といいます。自我は、要求の主体として他者にはたらきかけるばかりではなく、他者や自分の置かれている状況をみながら、自分のことを調整できる力にもなってい

きます。つまり自我のはたらきは、「強さ」「たくましさ」とともに、「しなやかさ」をもつのです。「○○ではない□□だ」と考える力、つまり1次元可逆操作が、自分で考えて選ぶ力にもなるし、大人ではない自分がするのだ、「このおもちゃは○○チャンのものではない自分のものなのだ」というように、自分の要求を強く意識する力にもなります。したがって、「○○ではない□□だ」と考える力は、まさに自分の心に聞きながら自分で決める力、そして自分と他者を調整する力としての自我と強く結びつく力でもあります。

　自我は、1歳半ころの発達の質的転換期において、だれにでも共通に生まれてくるものですが、その実際の発達のようすは、子どもの人間関係や環境との関係で、さまざまに変化していく「やわらかい」ものです。身体や手指の運動機能、認知機能を発達のハードな部分とするならば、自我は文字通りソフトであり、やわらかい部分です。今日の子どもに発達の困難が指摘されるとき、少なからず発達のソフトとしての自我の発達に、検討すべき問題が存在していると思われます。このことについては、さらに「エピローグ」(149ページから)でお話ししましょう。

自我の誕生から拡大へ

　「だだこね」や「取り合い」があるということは、「○○ではない□□だ」と考える力や自我が誕生している証拠なのであり、それらの行動は消し去るべきものではありません。保育は、その背後に育ちつつある力をいっそうはぐくみ、やがて「だだこね」からも卒業していけるようにはたらきかけたいものです。

　相手の出方をうかがう力が備わった「だだこね」は、子どもが自分と相手の要求を2枚の皿のように並べて、どちらから食べようかと思案しているようなものです。そんなとき、相手の提示した皿も魅力あるものとして受けとめ、その2つの間で揺れ動きながら、切り替えたり、折り合ったりすることができるように、子どもの心を支えましょう。

　たとえば、散歩の途中で子どもの目的と大人の目的はしばしば衝突し、路上

での「だだこね」がはじまりますが、「そうか、ワンワンのいるお家の方に行きたいのか、ワンワンかわいいねえ」と子どもの気持ちを受けとめられるだけの余裕が必要です。そうしてから、「ほら、公園の汽車ポッポ遊びの紐もってきたよ」とさりげなくみせられた紐を、子どもがもうひとつの目的として自分に取り込んでくれたらよいのです。

　1歳なかごろに芽生えた自我は、ほどなく自我のマグマが噴火しているのではないかと思えるような強まりや広がりをもたらすことでしょう。まずは、何でも自分のものにしたいという欲張りな姿をみせます。友だちが楽しそうに遊んでいると、そのおもちゃを自分のものにしたくなります。当然その友だちの抵抗を招くので、さらに意地になって奪い取ろうとするでしょう。その結果として、「噛み合い」がはじまったりします。そんなケンカが、保育園の1歳児クラスでは絶えることがありません。

　ケンカになるなら、子どもの人数分だけ同じおもちゃを用意すればいいではないかという意見もあるでしょうが、それでは「危機」のなかに生まれつつある発達の芽をつんでしまうことになります。子どもは、このぶつかり合いのなかで、「わたし」ばかりではない「あなた」を知り、「取る」ばかりではない「返す」ことを、「取られる」ばかりではない「返してもらえる」ことを経験するのです。

「大きい自分になりたい」2歳児

　2歳になると、拡大をつづける自我のはたらきを機動力にして、「もっと、もっと」とおやつを要求するし、「小さい」ものより「大きい」ものがいいとねがうようになるでしょう。そんな生活のなかで、ものごとを「対(つい)」の関係でとらえ「○○ではない□□だ」と思考するばかりではなく、「多い−少ない」「大きい−小さい」などという比較や対比においてとらえる対比的認識をもつようになります。2歳になっても相変わらず欲張りであることに変わりないのですが、友だちがおもちゃを取ろうと手を伸ばしてきたとき、「全部はあげられないよね、でも少しだけ貸してあげたら」などと先生が交通整理してくれる

第2章　やわらかい自我のつぼみ　　83

と、抵抗するばかりではなく、その「少し」を手渡すことができたりするのです。それは「少しならがまんできるようになったよ」と表現しているような姿です。

このような対比的認識は、友だちとの関係においても発揮され、自分よりも小さい友だちに対して、いつも先生がしているように、着替えを手伝ったり、おもちゃをさし出してあげたりするのです。その姿は、もう「小さい私」ではない、「大きい私」になりたいと訴えているようにみえます。

しかし、保育園という大きな集団のなかでは、必ずしも大きい自分になれるとは限りません。自分より強い子、早い子、しっかりしている子がまわりにいると、「わたしもあんなふうになれるだろうか」という不安を、次第に覚えるようになるのです。それに、自分ではない他者は「ひとまとまり」の集団として目に映るようになるのであり、「小さい自分」対「大きい集団」という構図が目に映って、みんなのリズム遊びの輪のなかに入ることを躊躇したり、「朝のあつまり」で友だちが元気に返事できるのをみて、自分はうつむいてしまうこともあるでしょう。だから心はいつも、「大きい自分になりたい、でもなれるだろうか」という不安にさいなまれるようになります。

このような葛藤を宿すようになったことと、「いや」を連発することは無関係ではありません。「大きい自分になりたい、でもなれるだろうか」という矛盾、葛藤を宿しているときに、あれこれと指図されることには抵抗したいものです。

思春期の反抗を「第2反抗期」と呼びますが、あえて「第1反抗期」と呼ぶならば、それは2、3歳ころの姿なのです。この2つの反抗期に共通することは、自分の今、そして「これから」に不安をもっているということです（**写真19**）。そんな不安を宿しながら、「大きい自分」あるいは「大人」としての自己証明がほしいのでしょう。

この矛盾、葛藤のときに子どもは、はにかんだりモジモジ・グズグズするので、大人は急かしたり、手を出してしまいがちです。そうすると、子どもは地団太を踏んで怒り出します。子どもは「大きい自分になりたい」というねがい

写真19　2歳児の不安
はじめてみる大きな滝（日光・華厳の滝）に、不安を宿しつつ、心は引き込まれる。しっかり心の支えをもっていればだいじょうぶ。

を尊重してほしいし、「できるかなぁ」「わかるかなぁ」という不安に負けないで、時間はかかっても自分でそのハードルをのりこえていきたいのです。

こんなとき子どもには、「大きい私」になるための道はひとつではないこと、いろいろな道があることを実感してほしいと思います。手をあげて「お返事」することはできなかったけれど、このごろできるようになった「でんぐり返り」をみんなにみせてあげる、王様になって舞台にあがることはできなかったけれど、家来として先生といっしょに椅子から立ち上がれたなどと、ひとつではない道を伝えたいと思います。

こんなとき、どう考えたらよいのでしょう

人見知りが強い

「人見知りが強く、他のクラスの保育士や他児の保護者が保育室に入ってきただけで激しく泣きます。人見知りが強い時期であることはわかっているのですが、その対応が毎日つづくのは、なんとかならないものでしょうか」

＊

子どもは、けっして怖いという感情だけに支配されているわけではなく、むしろ相手に対する強い関心が、その人見知りの強さになっているとみるべきでしょう。その外界に対する関心の強さと表裏の関係で、不安も強まっているのです。

人見知りは、その人を見た瞬間に泣いて反応しているようにみられがちですが、泣きはじめるまでに、わずかではあっても、こらえようとする「間」があるはずです。あわてずに、「怖かったの」と子どもの気持ちそのものを受けとめるように抱きあげましょう。

ここでの「子どもの気持ちを受けとめる」とは、子どもの不安と心理的に一体化することではなく、「きっとだいじょうぶだよ」と矛盾をのりこえるための一歩を支えるような心持になることです。

大人が「だいじょうぶかな」と心配しながら抱くのと、「きっとだいじょう

ぶ」と太鼓判を押しながら抱くのとでは、子どもの心に届くメッセージは、ずいぶんちがったものになるでしょう。

　大人は、子どもの気持ちを受けとめる存在であるとともに、その関係によって、もっと広い世界に子どもを踏み出させていくための支えであり、踏み台でもあります。大人の「きっとだいじょうぶ」という子どもへの心持は、子どもの発達の見通しへのたしかな知識と理解、そして子どもの心をわが心とする共感の姿勢とがあいまって形成されていくものです。

「だだこね」への対応

　「ことばが増えだした１歳後半になってから、どこであろうと寝転がって『だだこね』するようになりました。給食や散歩の途中で『だだこね』をされると、その子だけにかかわるわけにはいかず、保育士もパニックになりそうです。うまい対応の方法があるならば、教えてください」

＊

　この時期の子どもは、ことばがわかるようになったばかりではなく、感受性豊かに大人の感情のありようを実感しているのです。自分の思いを頭ごなしに否定したり、受け入れようとしない大人に対しては、いっそう強く寝転がって訴えるのであり、そうすることで相手の感情に変化がみられるかを確認しているようです。

　「ダメ」「チガウ」ということばは、子どもの苛立ちに直結し、せっかく芽生えはじめた「○○ではない□□だ」と考えながら揺れ動く葛藤の力を混乱させることになります。自分で考え、選び、要求すること自体が、この発達段階の子どもにとっては、今まさに自分のものになりつつあるのです。そのがんばりに心を寄せて、やさしい雰囲気のなかで気持ちを落ち着かせながら、葛藤をのりこえていけるように受けとめたいと思います。

　ここで考えたいのは、「受けとめる」ことと「受け入れる」ことのちがいです。「受け入れる」ことが、子どもの要求をそのままかなえてあげることだとすれば、「受けとめる」は、子どもの思いを子どもの目線に立って理解するこ

とだと思います。子どものかたくなさには、大人のしなやかさが必要です。強い風にもしなやかに身をあずける竹や葦(あし)のように。

　給食の時間に、あとから運ばれてきたデザートのバナナをみてしまった子どもは、それを食べたいと強く要求します。しかし、保育者は「牛乳飲もうね」と応戦するでしょう。子どもは、椅子にのけぞって「だだこね」態勢に入ります。牛乳から飲んでほしいという大人のねがいを伝えることはたいせつですが、一歩引いて、「みちゃったんだものね、バナナ食べたいよね」と子どもの思いになってみたいと思います。

　かたくなさをのりこえていく途上にある子どもに対して、大人はときに根負けして「まあいいか」という気持ちでつきあうことがあってもよいのです。「だだこね」への対応は、子どもの要求か大人の要求かという択一を迫るのではなく、どちらもたいせつだということを実感できるようなものであってほしいと思います。「じゃあ、バナナ、ちょっだけ食べようか、そうしたら牛乳飲もうね」でもよいのです。そのときは「まあいいか」の気持ちで、子どもの喜びを掛け値なしに共感してあげたらよいのです。受けとめられた安堵感、満足感は、子どものなかに大人の要求を受けとめようとする度量を準備するのであり、やがて大人のさし出した一口のご飯を食べてくれるかもしれません。

　そうやって、子どもの思いを受けとめることからはじめると、「何とかしなければ」という構えから大人も少し解放されます。

〈わがまま〉になってしまう…

　「私の園では『だだこね』は、自我が生まれるときのたいせつな子どもの姿なので、じっくりつきあうように心がけているのですが、私たちの対応を見て、親からは、『もっと厳しくしつけてくれないと、将来〈わがまま〉な子どもになってしまう』といわれることもあります」

＊

　このような保護者と保育士の意識のずれは、子どもの姿を共有しながら、発達とは何か、そのための生活はどうあるべきかを考え合っていくきっかけにし

たいものです。くり返される「だだこね」に対して、はじめての子育てに挑戦しているお母さんお父さんは、子ども以上に苛立ちながら日々を送っているかもしれません。その苛立ちゆえに、「ダメ！」を連発したり、ことさら無視したり、ときには叱りつけることになってしまうでしょう。「だだこね」の意味がわからないので、子どもとの精神的な「間」がもてない状態におちいっているのです。子どもにとっては、その抑圧感がいっそうイライラした心の状態を強めることになります。

　すでに述べたように、相手の出方をうかがう力の備わった「だだこね」は、子どもが自分と相手の要求を２枚の皿のように並べて、どちらから食べようかと思案しているようなものです。そんなとき、「相手の提示した皿も魅力あるものとして受けとめ、その２つの間で揺れ動きながら、切り替えたり、折り合ったりすることができるように、子どもの心を整えてあげましょう」と、わかりやすく伝えます。

　そのうえで、もっとたいせつなことをわかり合いたいと思います。つまり「がまん」という心のはたらきは、「がまん、がまん」と子どもを説得するような「しつけ」で身につくものではありません。がまんは、自分で自分をコントロールすることであり、自分をコントロールできるたしかな自分、つまり自我の発達によって可能になるのです。

　たとえば、自分の失敗から立ち直る力は、生活や遊びのなかで、自分への手ごたえ、達成感の蓄積から生まれてくることは、すでに説明しました。自分で片づけられる喜び、自分でクツをはいたりシャツを着る喜びは、たくましくて、しなやかな自我につながります。

　また、楽しい遊びがたくさんあり満足して遊び込めることは自我を育てますが、それだけではなく、その遊びを自分でしめくくる経験にもつながります。ほんとうに楽しいことを知っている子どものみが、楽しいことには満足感の次にピリオドがあることを知り、そしてほんとうの「がまん」や「おしまい」の意味を知ることができるのです。大人も、子どもの満足感、達成感を実感できるからこそ、「もうおしまいね。がまん、がまん」ということばを、躊躇なく

かけることができるのではないでしょうか。このようなメリハリのある生活が、今の子どもの生活には足らないのではないかと思います。

つまり、生活でも遊びでも、「楽しかったねぇ」「よくがんばったねぇ」などと感じられる余韻が残ることがたいせつなのです。このような余韻は、子どもだけではなく、大人の労働や生活にも必要です。しかし現実には、次々とこなさなければならないことが多く、「やったー！」という達成感やその余韻にしたる余裕はありません。ほんとうのがまんは、主人公として自分の時間をコントロールできることですから、がまんが意味をもつ生活とはいかなるものかを、子どもとともに考えたいものです。

噛みつく子ども

「２歳になった子どもですが、いつも友だちのもっているものに目がいって、それを取ってしまいます。抵抗されると噛みつくこともあります。最近は、友だちが目の前を通っただけで噛みつくようにもなりました。友だちが、その子のことを避けるような姿になることもあります」

*

たしかに２歳になっても「出会いがしら」という噛みつきが多いものです。起こりやすい時期や時間を保育士さんにたずねてみると、集団が落ち着きはじめた５月ころ、外に出られない梅雨時、運動会の練習がはじまり緊張感のみなぎる９月ころ、そして休み明けの月曜日やお盆休みのあとなどです。登園から間もない時間帯や、昼休みに起こりやすいともいわれます。友だちを意識して相手とかかわりたい要求が強くなっていること、緊張感が保育空間にあることなどが、共通の特徴として見出されます。クラスの子どもの人数や部屋の大きさ、保育士の体制なども無関係とは思えませんが、同じような条件のもとでも、年度によって噛む子どもの数には差があります。子どもの数が少なく、保育士の体制に余裕があっても、噛むことが頻発するときもあります。それは、まるで噛むことがブームになっているようであり、子ども同士のコミュニケーションの手段になってしまっているようにもみえます。

発達に原因を求めれば、噛みつきは自我が強くなりながら自分をコントロールするはたらきがそれにともなっていない矛盾のなかで、生じやすいように思われます。とくに噛みつきをたびたびくり返す子どもは、自分の気持ちを表現したり調整することがむずかしいようです。それは、「○○ではない□□だ」と考える力と、その力によって揺れ動く内なる「心の過程」が、まだ芽生えたばかりであることに起因しているようです。

　保育者は、自分が「見張り」役になりながら噛みつきが起こると、情けない気持ちになり噛む子どもに苛立ちを覚えます。実は、そのような否定的な心理状態で寄り添われることに、子どもは過敏です。その雰囲気がこれまで噛んでしまったときに経験した感情とどこかでつながっていると直感され、それがふたたび噛むきっかけになることもあるのではないでしょうか。子どもは、常に過去の経験に支配されているのです。だから、ここでも、「きっとだいじょうぶ」という子どもの未来への楽観性や発達への信頼が必要なのです。

　それでも噛むかもしれませんが、大人が冷静さを失わず、噛まれた子も噛んだ子も、どちらも抱きあげて、噛まれた子どもの痛さとともに、「何かいやなことがあったんか」と噛まずにはいられなかった子どもの気持ちを、大人の胸のなかで受けとめましょう。その安心感のなかで、「○○ちゃん、痛くてかわいそう。タオルでいっしょに冷やしてあげような」と、相手の姿を心にとめられるように導きます。そして、「今度は貸してって、お口でいおうね」と保育者のねがいも伝えるのです。そんなことばが、子どもの心にストンと落ちたと思える瞬間を実感することはありませんか。

　噛みつきや「だだこね」などへの保育士の対応を、子どもたちは目ざとくみています。子どもの気持ちを受けとめ、何を伝えたいのかを聞き取ろうとしている保育士の姿勢は、子ども同士のかかわりにも、同じようなやさしさや「間」をつくることに反映するものです。逆に、噛むことがブームになってしまうときには、保育士のかかわりのなかに、ともかく子どもの困った行動を抑制しようとする余裕のなさや「間」のもちにくさがないでしょうか。寄り添う大人が戦々恐々としていると、その緊張は、子どもに伝わります。

以上のような噛むことへの直接的対応ばかりではなく、噛むことにおよんでしまう背景を、少しでもなくそうとする「長い見通しの保育」もたいせつです。たとえば、からだや手を使って心も解放していくような外遊びや、友だちと手をつないだり、いっしょにバケツを運ぶことの楽しさが実感できるような活動をたいせつにしてみましょう。自分のもっている発達の力を使って思い切り活動し、友だちとつながることができているときには、噛みつきはほとんどみられません。噛むことが多い子どもは、どうしてもマイナスのことからみられてしまいがちですが、おもちゃを相手に渡してあげることもできるし、いっしょに手をつなぎ合ってリズム遊びを楽しむこともできるはずです。身のまわりのことも、自分でしようとがんばっているはずです。困ったことに視線を集中し、子どもへの視野を狭めてしまうことのないように、一人ひとりの光り輝くところをみつけられるまなざしを、いつも携えていたいものです。

　また、給食が終わって昼寝の準備までの時間帯は、保育の体制も手薄になり、ざわざわした雰囲気のなかで、気がつくと噛みつきが頻発していることもあります。運動会の練習がはじまった時期も含めて、保育の余裕のなさが、噛みつきの遠因になっていることはないでしょうか。省略したり後回しにできることはそうして、日課をもう少しゆったりさせる必要があるのかもしれません。一つひとつのことの完成度にこだわる保育は、生活に無理を生じさせ、子どもの緊張感に波及します。生活は、さまざまな要素の複合なのであり、一つひとつのことが完璧である必要はありません。「手を抜く」ことも、生活のゆとりや調和のために必要なのです。

　このようなゆとりをもった保育がむずかしくなっているのは、待機児対策などと称してもともと狭い空間に、さらにたくさんの子どもが生活するようになっていることにも、大きな原因があるでしょう。そのゆとりのなさは、子どもにとっても抑圧的な空間と時間を強いています。子どもの発達保障にふさわしい保育環境に、早急に転換させねばなりません。

保護者同士のトラブル

　「噛みつきは、子どもが子どもを傷つけることであり、その結果として、加害・被害という利害関係が保護者の間にも生じることになります。事実を隠すことはできないので、お迎えのときや連絡帳に書くことで伝えているのですが、『なんでうちの子ばかりが噛まれるのか』『○○ちゃんが噛むのは、親の子育ての問題なのだから、しっかり親指導をしてほしい』などという声が出てきます。むしろ、子どもの間で起こったことは、保護者に伝えない方が無難でしょうか」

＊

　さて、わが子が噛まれることへの親の不安や怒りは、年々強く表現されるようになっており、保育士が対応に苦しむ事例も多いと聞きます。噛まれた子にとっても、噛む子にとっても、そしてその保護者にとっても、噛むことは、保育所に通いにくくなるほどの重大な問題になっています。私は、そこにわが子とだけ向き合うことに子育てが閉塞しつつあるという、今日的な問題が潜んでいるように思います。だからこそ、保護者との関係も、事実を伝える・伝えないというだけの形式的な対応に終わらせず、保護者や保育士がみんなで心を開いて語り合う場が必要なのです。

　噛むことは、親にとって自分ではどうすることもできないことです。だから、保育所で起こったことは保育所の問題として受けとめ、こういう方針で保育していきますということを伝えられるだけの職場の議論と覚悟が必要です。

　そして、噛む・噛まれることに気持ちが奪われ、対立した関係に立つのではなく、それぞれががんばってはたらき、一生懸命に家族を守りながら社会を支えているという実感を共有できるような保護者集団のあり方が問われています。自分の仕事や生活の苦労、保育所に子どもを通わせる心配は、あなたの苦労や心配でもあり、自分の子育ての不安は、あなたの不安でもあるのです。そのことを語り合い、共有できる場が必要なのではないでしょうか。そうすることが、他者の生活や気持ちへのイマジネーションや思いやりをもって生きるこ

とにつながり、心のなかで手を結び合いながら、自らの生活を生きるエネルギーをもらうことにもなるでしょう。

　さらに、自分の子どもばかりではなく、他の子どもの姿と成長にも目を開き、その発達を喜び合える関係も必要です。だから、連絡帳に「今日は〇〇ができました」ということだけではなく、「〇〇ちゃんと取り合いになったのですが、お互いにやさしく貸してあげられたのです」などと育ち合う姿も記したいものです。そんな視野を保護者がもつことによって、自分の子どもと向き合うことできゅうきゅうとしている心を、解放できるのではないでしょうか。

若い保育士とのコミュニケーション

　「若い保育士の『だだこね』や『噛みつき』への対応が、甘いと思うときもあれば、そんなに機械的に叱らなくてもと思うときもあります。そんな感想を、気がついたときはその日のうちに伝えているのですが、先輩の私にみられていることを気にしながら保育しているように感じられ、若い人とのコミュニケーションはむずかしいとつくづく感じます。そんなことをいっていてもしかたないのですが」

＊

　たしかに、そのときに感じた意識の「ずれ」や疑問は、あとに残さないことがたいせつです。陰で他の保育者のことを批判することは、どんなよいことももたらさないし、ため込んでから話すと、「いつも厳しすぎる」などという決めつけたいい方になってしまいがちです。

　しかし、この質問のように、話し方もむずかしいのです。

　「だだこね」や「噛みつき」へのはたらきかけには、保育者の子ども観や保育観が如実にあらわれます。だから、若い保育者に物足りなさを感じるのは当然かもしれません。なぜなら、こういった子ども観、保育観は、自らの保育経験の蓄積、なかでも思い出すこともいやな失敗経験によって突き動かされ、形成されてきたからです。その自らの「保育史」をたどるならば、子どもの心に寄り添えないという若い保育者の「今」は、とてもたいせつなものだとわかる

でしょう。

　若い保育士に伝えたいことは、保育とは力を合わせていっしょにつくるものだということです。日ごろ、保育の準備や保育が役割分担だけで終わってしまって、保育者集団として子どもと向き合うことのたいせつさを忘れてしまうと、自分の担当の子どもの姿や、自分のしごとの「出来・不出来」に意識が集中してしまいます。そうなったときに、常に他人の目を気にしながら保育する焦燥感が生まれます。

　保育者集団として子どもと向き合うとはどういうことでしょう。それは大げさなことではなく、日常の保育において、小さなことでも口に出して確認し合い、認め合うような意思疎通からはじまります。自分の思いや考えを述べるばかりではなく、他者にたずね、その思いや考えを聞き取ることから、互いを仲間として認め合える集団はつくられていくのです。だからこそ若い世代の保育者には、保育の結果の「出来・不出来」ではなく、子どもの姿に何を感じ、どうはたらきかけようとしたのかという過程をたずねたいと思います。そこには若い保育者なりの精一杯の思いや判断があるのであり、そのなかにあるよいものを価値づけ、こうしたらよいのではないかというヒントを、自らの保育経験、とくに失敗経験を引用しながら、具体的に語りたいと思います。

　保育の専門性とは、さまざまな学習によって豊かになるはずですが、それ以上に、常に自らの実践を反省的に総括し、そこから学んでいこうとする姿勢によって高まっていくのではないでしょうか。さらにその姿勢は、自分の保育と向き合うというただひとりのとりくみではなく、仲間とともに自分たちの保育と向き合うものでありたいと思います。子どもばかりではなく保育者にとっても、失敗は発達のための糧であり人生の宝物なのです。

　一言加えるならば、「子ども・子育て新システム」（案）なる新しい保育制度が政府内部で議論されていますが、介護保険、障害者自立支援法と同様に、保護者の契約に対する保育時間の給付という保育になると、子どもを保育している時間以外の保育の準備やケースの議論というたいせつな時間が、保障されなくなっていくでしょう。保育は、単なる「預かり」の時間ではなく、子どもの

発達保障のための意図的はたらきかけを主たる内容としているのですから、子どものことを職員集団で話し合う時間も、十分に保障されるべきです。

テレビやゲームは制限すべき？

「子どもの好む文化について、大人として悩んでいます。まだ2歳なのですが、きょうだいがテレビやゲームを楽しんでいると、それに吸い寄せられるように近づいてみています。いっそのこと、きょうだいにもテレビやゲームを制限すべきかと思いますが、いずれは友だちとの関係で、自分だけ知らないというようなさびしい思いをすることになるのではないかと思って、取り上げられないでいます」

*

テレビやゲームを、子どもにはみせない、やらせないというきっぱりとした対応を奨励する考え方もあるでしょう。しかし私は、子育てや保育に「こうあらねばならない」という前提をつくることには同意できません。それはテレビやゲームのことだけではありません。こうあらねばならないという前提をつくることは、人間の精神の自由を制約すると考えるからです。

広い意味での子育て、狭い意味での保育や教育は、一人ひとりの子どもたちに合わせる工夫や試行錯誤などを、長い時間をかけてしていかなければならない活動です。そうやって一人ひとりの子どもに合ったはたらきかけをいろいろと試し、反省を重ねながら、自分の考え方による方法として獲得していくことが、精神的には一番自由な子育てになると思います。子どもを育てることも教育することも最初から上手にできるはずはないし、失敗はあります。だから、だんだん子どもたちから学んで試行錯誤しつつ、いい付き合いができればいいんじゃないかというふうに考えれば、お互い気持ちが楽になると思います。

質問のなかでご指摘いただいたように、やはり文化を共有できるということを子どもは求めます。その点で、友だちはテレビでこういうことを知っているのに自分は知らないということはつらいし、疎外を味わいます。そういった現実のなかに子どもが置かれているのに、「うちはテレビはみないんです」「ゲー

ムは買わないんです」という大人の価値観だけを押しつける対応をしたら、子どもの自我はその精気を失います。子どもが自分の要求をきちっと口に出して、泣きながらでも「うちでもテレビみたい」「ゲームしたい」と親に伝えられることは大事です。そういう親子の葛藤を経ないで、結論を押しつけることにならないようにしてほしいと私はねがいます。自分の思いや理屈を正面に出せる子どもになってほしいし、そうしたうえで親や保育士の考えにも耳を傾けられる子どもになってほしいものです。

　自分の思いを表現することばは、人間が人間としてあるうえで、一番基本的なものだと私は思っています。そのたいせつさとは、ことばの巧みさの問題ではなく、悔しい思い、悲しい思い、喜怒哀楽をちゃんと知って、心のなかにある「とっても悔しかったんだ、わかってもらえなかったことが悲しいんだ」という自分の「心の過程」をことばに置き換え、表現できることです。だから、子どもの要求をしっかりとことばで表現させてあげてください。とくに子どもが感じているさまざまな「情けなさ」にしっかりと耳を傾けられる大人でありたいと思います。

【参考文献】
白石正久（1994）発達の扉・上巻──子どもの発達の道すじ．かもがわ出版．
白石正久（1999）発達とは矛盾をのりこえること．全障研出版部．

第3章

発達に障害のある
子どもたちの
「閉じた対」を解き放つ

かつて、知的障害のある子どもは、生まれつき応用力や抽象的思考の獲得がむずかしいという見解が一般的でした。また、その知能のレベルは、生涯にわたって変わらないともいわれました。そのような見方を前提にして、身辺動作やことば遣いをくり返し練習したり、生活経験や就労体験をたくさん蓄積していくことによって、社会的に自立可能な能力や技能を身につけさせようとする教育方法が多用されていました。障害のある子どもの能力を、機能別・領域別に比較し、「劣っている」点をみつけることを発達研究と呼んだり、能力・技能の細かいステップをつくって、できないことができるようになる事実を蓄積しようとする学習プログラムが開発されたりしてきました。そこでは、発達の原動力は常に子どもの外に存在する大人の手のなかにありました。そして、発達とは「できること」の量的な蓄積の事実でしかなかったのです。

　しかし、発達とは、そのような宿命的なものではなく、また、単にできることが増えていくだけの過程でもなく、子どもが主体的に外界にはたらきかけ、新しいことを創り出し、自分自身をも変革していく過程であることを、発達保障という理念を形成しつつあった実践は見出していったのです。しかもそれらの実践は、上へと高まる「タテへの発達」ばかりではなく、その力を発揮できる時間や空間、そして力を合わせ、共感を重ねることのできる人間関係を広げていく「ヨコへの発達」もあるのではないかということを提起してきました。「ヨコへの発達」によって人格が豊かさを増し、一人ひとりの自己実現とともに、他者を認め合うことのできる他者実現が可能になっていくのです。

　発達保障の実践の萌芽のときを、この章では振り返ってみたいと思います。実はその時代も、指導者は、障害のある子どもたちの行動の意味をとらえられず、それゆえに彼らの発達の可能性を信頼することのできない葛藤、苦しみのなかにありました。指導者自身が子どもへのまなざし、働く姿勢や職場のあり方を問うことなしに、この萌芽のエネルギーを創り出すことはできなかったのです。

「夜明け前の子どもたち」と「閉じた対」

「ナベちゃん」を縛る紐

　重症心身障害児施設「第1・第2びわこ学園」(現びわこ学園医療福祉センター草津・野洲)が開設されたのは1963年(第1びわこ学園)そして1966年(第2びわこ学園)のことでした。まだ、障害のある子どもたちの義務教育を国が保障しようとはしなかった時代に、どんなに障害の重い子どもたちにも幸福に生きる権利があること、そしてキラキラ輝く心と自己変革のねがいがあることをたしかめながら、実践ははじめられました。そこには、常に生命を守るたたかいがあり、それゆえに真の幸福としての発達的自己実現を追求していこうという思いがあふれていたのです。

　その療育を記録した映画『夜明け前の子どもたち』(財団法人大木会・心身障害者福祉問題綜合研究所・作品、1968年)(**写真20**)を、私は学生時代から何度となくみてきました。この映画のなかで、重い障害を背負いながら生活している子どもたちの行動の意味を理解することは、「わからないことが多すぎる」と映画のナレーションにいわしめているように、とてもむずかしいものでした。

　そのナレーションは、こうつづけます。「しかしこの子どもたちも、人に生まれて人間になるための発達の道すじを歩んでいることに変りはない。そう考える人たちがいる。障害をうけている子どもたちから、発達する権利を奪ってはならない。どんなにわからないことが多くても、どんなに歩みが遅くても、社会がこの権利を保障しなけ

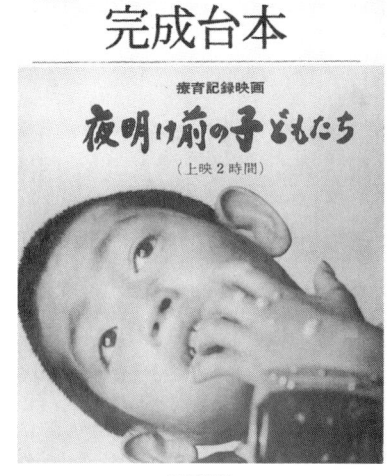

写真20

第3章　発達に障害のある子どもたちの「閉じた対」を解き放つ　　101

ればならない。そう考える人たちがいる」(参考文献③、6-7ページ)。

　私自身も学生時代から「そう考える人」になりたいとねがっていました。そしてこの映画を、今では学生たちとともにみつづけています。そして、「わからないこと」の背後にある、その人の「ほんとうのこと」(発達要求)は、私たち自身の「まなざし」の発達なくしてみえるようにならないことを、次第に実感するようになりました。新しいことに目を向け、そこから多くのことを吸収していくこともたいせつですが、動かず、ひとつのことをみつめつづけるなかでみえるようになること、そして、もっとずっと深くみえるようになることも、私はたいせつだと思うようになりました。

　この映画に、「ナベちゃん」と呼ばれる少年が登場します。重い知的障害と聴覚の障害をもっています。それゆえ行動は多動であり、彼の生命を守ろうとするならば、限られた人的体制のなかで、「抑制帯」と名づけた腰紐で縛らざるをえませんでした。しかし、ナベちゃんは長い時間をかけて、それを解こうとします。そうすると、職員はもっと強く、幾重にも、彼をベッドに縛らざるをえません。そういった関係のなかで職員は、ナベちゃんが縛られているかどうかでしか、彼のことをみられなくなっていったのです。今日でもそうであるように、療育をよいものにするためには、人的物的条件の貧困という大きな障壁があります。その根本に目を向けないで目の前の困難とだけ職員が向き合うことになると、けっきょく「縛るか、縛らないか」という二律背反的な議論のなかで、敵対的な雰囲気がつくられてしまうのでした。そのことに対する職員同士の厳しいやり取りも、この映画には記録されています。

　しかし、当時のこの職場は、次の糸賀一雄さんのことばに代表されるような職員集団が形成されつつあったのでしょう。

　「どんなに重症な障害をもつ子どもでも、自分自身の力で障害を克服する方法でりっぱに自己を実現できるように、子どもたちと共感の世界を形成しようとするチーム・ワークが追求されねばならない。それはもはや向かいあう姿でなく、ともに同じ方向に歩み出す姿であり、それは施設養護の究極的な目標である」(参考文献①、150ページ)

その経過を、映画のフィルムは写し撮っていきます。
　ことばのないナベちゃんが、からだ全体で表現し語っていることを、フィルムを通して読み取っていこうという思いで撮影し、何度もみながら、彼を理解しようとする議論が重ねられていきました。
　そうして映画の取材班と学園の職員は、次のことを発見したのです。
　ナベちゃんは、強く縛られれば縛られるほど、紐が解けたときに、堰を切ったように遠くにとび出していきます。そういうエネルギーの強さがあるのだということを、彼は教えてくれているのです。ナベちゃんは、とび出したら、缶や乳母車を「心の杖」のようにしてつかみ、そして砂や水をすくってはこぼし、車を押しては戻るという活動をくり返します。変化する素材と道具によって、「○○ではない□□だ」という1歳半の発達の質的転換期の1次元可逆操作を発揮して、外の世界にはたらきかけ、キラキラ輝く心をもって、取り入れようとしているのでした。
　しかも、「ただそれをするだけではなくして砂を入れてはちょっとこぼして、とめて、またちょっとこぼしてとめる。あるいは車を押していって、ちょっと方向をかえて、もどって、また出して、またもどるというような、刻む行動がある。なんかそこに決まりきった行動を自分の力できりはなして行く、解き放して行く力を、自分なりにつかんでいる。つかめていっているぞ！　と訴えているように思えたんです」（参考文献③、62〜63ページ）というように、変化に目を向け、新しい活動を創造しようとしていたのです。さらに、友だちに水道のホースをとられて一度はあきらめますが、もう一度ホースに戻り、友だちから取り返して、その水を手の掌と甲にかけたり、口に入れようとします。そこには、一度は友だちに譲っても、またその目的に戻ろうとするし、「○○ではない□□だ」を発揮して、キラキラ輝く心をもって自らの目的のためにどんどん前進しようとする彼の発達要求のたしかさがみえるようでした。
　それまでの実践は、そのような豊かさを創り出そうとしている彼を、「縛る」ことによって、「解く」というひとつのことでしか反応できないようなパターンのなかに閉じ込めてしまっていたのでした。そういった検討によって、「縛

られているか、いないか」という「閉じた」見方から職員が自由になりはじめると、「○○ではない□□だ」を発揮できるような縛られ方をしているときならば、彼は紐を解こうとはせずに、素材や道具を仲立ちにして、友だちにはたらきかけ、取ったり取られたり、押したり押し返されたりという関係が発展していくようすを見出すことができるようになっていきました。

　そうしてナベちゃんは、びわこ学園の園庭にプールをつくることをめざす野洲川での「石はこび学習」に、遅ればせながら参加することになったのです。そこでは、学園のなかでのように、紐で縛られればそれを解こうとし、追いかければどんどんと先へ行ってしまうようなナベちゃんの姿はありませんでした。すでにナベちゃんは、道具を仲立ちにして仲間とつながり、「○○ではない□□だ」という操作を創り出す可能性をもっていることが討議されていました。そこで、缶にタンカのように柄をつけ、その柄の両端を仲間とともに支えながら石を運んでいけるように、道具が工夫されていました。つまり柄を通して自分のものではない活動のリズムを感じながら、「○○ではない□□だ」というように、新しい自分のリズムをもった活動を創り出せるようにしていったのです。

　しかも、その運び方は特徴的なものでした。ナベちゃんは、缶のなかに指導員が入れてくれる石を、一つひとつ捨てながら歩いていくのです。もし、早くプールをつくるために、たくさんの石を運ばなければならないという意識に指導員が支配されていたならば、ナベちゃんは叱られたり、石を捨てることを禁止されながら歩きつづけなければならなかったでしょう。

　「フトしたことから先生が容器のなかに石を入れてやると、それをこぼす、また入れるとまた捨てる。また入れるとまた捨てる、という関係を作っていくなかでどんどん自発的に、結果として、友達関係を運んでいけていることに気がつきました。

　で、そのことに気がついた先生が、石はこびをしない、石はこび学習、というふうなことばをつけましたけれども、石はこびというのは、とにかく石をはこばなければならないんだという見方しかできなかった私たちに、石を捨てて行く、そうゆうふうな石はこびをしていって、人間関係をはこんだというナベ

ちゃんは、私たちにこのしばられた関係を解き放して行くということが、どうゆうことなのか、問題をなげかけてくれました。

　私たち自身の心をしばっていたものを開き放つんじゃなくして、こうして働いて行くことを通じて、解き放して行くんだ。子どももそうなんだ、そうゆう方向をさまざまに工夫して行くことが、私たちの創造性を発揮して行くことになるんだ、というふうに学びました」（参考文献③、71〜73ページ）

「ひとりのねがい」を「みんなのねがい」に

　実践の長い紹介になりましたが、あえてそうしたのは、この実践によっていくつかのたいせつなことが、象徴的に説明できると考えたからです。

　紐で縛らなければならないほどの多動なナベちゃんなのですが、縛られれば縛られるほど遠くへとび出そうとするようなエネルギーにあふれているのです。「多動」というとらえ方だけでは見失ってしまうたいせつなことが、そこにはありました。キラキラ輝く心をもって素材や道具にはたらきかけ、その素材・道具を仲立ちにして仲間と関係を結び、活動を発展させていこうとしているのだということを、彼は身をもって教えてくれていたのです。

　しかし、そういった発達要求を事実として発見していくことは容易ではありません。むしろ、紐を解こうとするナベちゃんを、いっそう強く縛らなければならなかったように、私たちはいつも自らの意図で子どもを縛ろうとします。しかも、縛られまいとする子どもがいるならば、もっと強く、そして苛立ちながら、私たちは子どもを縛ろうとするのです。そこには、一方向的にしか他者と向き合うことのできない大人の姿があり、それゆえに子どもも一方向的にしか反応することのできない袋小路に、手を携えて入り込んでしまうことになるのです。私は、このようなパターンを、「閉じた対」と呼ぶことにしています。このような「閉じた対」が形成されていくときには、まず大人が子どもを抑制せざるをえない状況におちいります。それはきっと、時間も空間も、そして人的体制も、子どもの自由を保障できない貧困な条件のなかにあるときです。しかも、そのような物理的な制約ばかりではなく、大人を縛るような職場

の上意下達の関係や、目にみえる結果を出さなければならないという思いが、精神を制約するのです。

「閉じた対(つい)」から子どもと私たちを解き放つには、どうしたらよいのでしょう。

「ある施設で重度の子どもたちが水遊びをしている。丘の上のその学園では、一滴の水にも高いお金がかかっているのだが、その水を子どもたちはジャージャーと流して、そこに砂場の砂を両手にすくっておちてくる水をあてる。砂と水がとび散り、それに日の光がきらきらとかがやき、とばっちりが体にかかるのがうれしくてやめられない。保母は呆然とそれを見ていたが、とめようとはしなかった。砂も水もその施設にとっては金のかかるものであったが、その消費が子どもたちのなかに、何ものかもっとたいせつなものをつくっていくと感じたからである」(参考文献①、175〜176ページ)

子どものキラキラ輝く心に目を見張る職員のねがいは、「ひとりのねがい」で終わってはなりません。子どものキラキラ輝く姿を、同僚を見限らず、響き合う心を信じて語り合いたいと思います。「ひとりのねがい」が「みんなのねがい」になっていくときに、その「何ものかもっとたいせつなもの」のために力を合わせる職員集団がつくられていくことでしょう。水道の水はお金のかかる貴重なものですが、その貴重な「浪費」を、子どもの発達のための手がかりとしてたいせつにし、国や自治体への保育の材料費の要求へと結びつけていこうとする職員集団にも発達していきます。子どもの発達は、このように集団としての発達の原動力をもった職員集団によって、ゆるぎなく、持続的に支えられていきます。

1969年、近江学園生活第1班の実践

指導の「ていねいさ」を問う

「閉じた対」はひとりの子どもとひとりの大人の間だけではなく、子ども集団と指導者集団という関係においても生じるものであること、そして「閉じた対」から脱却していく力もまた、それぞれの集団のなかから生まれるものであ

ることを教えてくれる実践があります。

　映画『夜明け前の子どもたち』の公開の１年後である1969年における近江学園の生活第１班の実践を、当時、近江学園の指導員であった田中昌人さんが紹介しています。この文章は、すでに田中昌人さんが近江学園から京都大学教育学部に転じられたあとに書かれたものであり、実践を振り返りつつ、建設的な総括をつづけるために発表されました（参考文献④、119〜192ページ）。

　知的障害児入所施設（当時は「精神薄弱児入所施設」という名称）である滋賀県立近江学園には、当時生活第１班から第４班までの教育集団がありました。生活第１班は、小学校低学年の年齢の子どもたちの集団であり、1969年４月当初、40名の子どもが４つのクラスにわかれて、10名の指導者が対応する集団でした。７月に新しい施設ができて青年たちがそちらに移っていったことによる再編があり、生活第１班は、24名の集団になりました。１歳半から２歳の発達段階の子どもが過半数をしめますが、４歳から７歳の発達段階の子どもも10名いるという多様な集団でした。

　入所施設なので、職員の勤務は交替制であり、常時10名が子どもに対応していたわけではありません。24名の子どもを６名ずつの小集団に編成して、それぞれに居室があたえられ、そこで寝食をともにしていたということです。

　子どもの人数が減ったなかで、指導体制には、それ以前に比べれば余裕が生まれたことになります。だから、排泄や食事のしつけ、衣服の着脱、歯磨き、爪切りなどにも、ていねいで力の入った指導がなされるようになったのは、当然のことでしょう。

　しかし、この「きめのこまかい、ゆきとどいた指導」について、ほどなく職員の一部から疑問が呈されるようになったのです。

　その疑問は、次のような内容でした。

　第１に、「少人数になり集団に落ち着きがみられることによって、ともすると指示的な指導が肥大することになっていないか」。その指導者の姿勢を、障害の軽い子どもが重い子どもに対してまねようとします。そういった子どもたちの上に、指導者が君臨するという上意下達の「一方向的関係」が形成されは

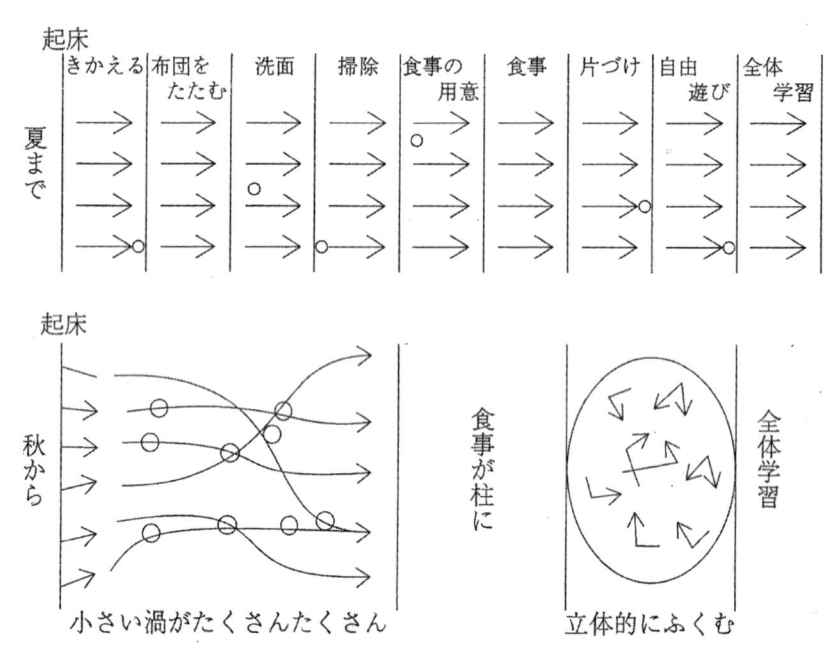

図2　生活第1班の朝の日課時間の展開（参考文献④、165ページ）

じめているということです。

　第2に、「生活の場に、『時間のハードル』がたくさん詰め込まれ、結果として1人ひとりの活動が個別化して、仲間関係が切られていくことになっていないか」。起床したら、「トイレ」「着替え」「布団たたみ」「洗面」「食事」などと、時間のハードルが折りたたまれた屏風のように指導者によって開示されていきます（図2）。指導のていねいさや密度は、ハードルの多さにすり替わり、個々の子どもの出来栄えを評価して、はみ出しや遅れを許さない指導になります。同一時間内でみんなが別々になって同じことをしなければならないという暗黙の原則がもちこまれると、出来栄えの評価を介して子どもを分断し、指導の観点のちがいが、指導者間にあら探しと悪しき不干渉の姿勢を招くことにもなります。

　第3に、「一方向的な人間関係や時間のハードルの詰め込みによって、クラ

スが『あなたはあっちのクラスでしょう』『あなたのクラスの子が来たよ』などと言い合うような、排他的な集団になっていないか」。それでは、指導者が子どもとともに「タコつぼ化」して息がつまるような精神状態になるので、自分のクラスの子どもだけをつれて園外活動に出かけることになったりします。いくら「良い」実践とみられるものであっても、子どもたちが他のクラスの子どもを排除しようとするようなことになれば、それは正しい方向性ではないのではないでしょうか。

　今日でも、教育の場での意見の相違は必ず存在し、対立が激しくなると、クラスごと、あるいは教員、職員ごとに各自の責任で実践を行えばよいというような考え方や、そういった職員の対立を口実にして、学校や施設・園の管理者から指導体制や教育課程が押しつけられるようなことがあります。往々にしてそのような関係のなかに教員、職員が置かれると、「結果」で自分の意見の「正しさ」を示してやろうとするような競争的な精神におちいり、常に自分の実践への他者の評価を気にして、自分たちの「正しさ」の証明のために子どもたちを鼓舞するような指導におちいるものです。

　しかし、この1969年度の近江学園生活第1班の職員集団においては、「発達保障をめざすうえで必要な意見の違いを明確にさせ、一致点にもとづく実践を、時期を区切ってやりきる」という原則を共有していく努力がなされていきました。この原則を力として、生活第1班の実践は、夏休みをはさみ貴重な仮説を共有していくことになります。

　ここで補足的に歴史的背景を述べるならば、この時代は、実践のみならず社会のあり方をめぐる議論においても、国民の生存権、教育権、労働権や団結権を守る政治を実現していくということで、いろいろな不一致はあっても、「国民が主人公」という目的で共同していく努力がなされつつあった時代です。それが、地方自治においても、住民の生活を一番たいせつにしようとする知事などを誕生させる力になりました。しかし、そのことを妨げようとする大企業や自民党政権からの反抗力も強く、1970年代の後半になると、国民の共同に分断の楔(くさび)が打たれるようになります。このような歴史の背景を知ることで、過去

も現在も、職場の民主主義のありようが、政治的な力によって大きく変えられてしまうという因果関係が理解できます。たいせつなのは、私たちを外から分断しようとする試みに対して、一致する目的のために力を合わせられる職場をつくることでしょう。子どもの発達と同じように、集団も一個の人格のように発達していくのであり、集団の内部に、その発達の原動力をもつことができるかが問われているのです。

発達の基礎成分と集団のなかで発揮される「○○ではない□□だ」

　さて、意見の相違をのりこえて、近江学園生活第1班で夏休み後に共有されていった貴重な仮説とは、田中昌人さんによるならば、①集団を大きく、②部屋をたくさん、③時間を大きく、④所有関係の質を豊かにという4つの原則でした。もちろん、仮説として提起された原則は、当時の近江学園という入所施設での生活において意味を見出されたものであり、他の場所で同様の原則による生活づくりがたいせつになるということではありません。

　「集団を大きく」とは、小集団として固定するのではなく、さりとて、みんな「いっしょ」という大集団で生活するということでもありません。24名の子どもと10名の指導者がひとつの基礎集団となって、その拠点があるゆえに、「○○ではない□□だ」というように、別のたいせつな目的をもった集団への切り替えが意味をもつようにすることでした。

　「部屋をたくさん」とは、1クラス1部屋という単位をつくるのではなく、さりとて、全部の部屋を無意図的に使って生活することでもありません。寝起きを中心とした部屋と食事を中心とした部屋を分け、その空間を「○○ではない□□だ」というように切り替えていくことが意味をもつようにすることでした。朝はこのような生活空間のなかでの切り替えを行ったうえで、学習の場に切り替えていくことになるので、2段の切り替えが行われる生活空間と時間になるわけです。

　「時間を大きく」とは、空間内にスケジュールを詰め込むのではなく、さりとて、自由にしてしまうことでもありません。「全体学習に元気にいこう」と

いうように、大きな目標へ向けて思いをひとつにし、生活時間から学習時間への切り替えをたいせつにしようとしたわけですが、さらにあとで述べるように、生活時間のなかでもさまざまな「○○ではない□□だ」という自由度のある切り替えが行われるようになっていきました。

　「所有関係の質をゆたかに」とは、ものを私有制にするのではなく、さりとて、すべて共有にすることでもありません。話しことば獲得期の「心の杖」（子どもの心理的支えとなるものや活動など）に代表される個人の持ち物を尊重しつつ、布団などの半共有のもの、おもちゃなどの共有のものなどを区別し、所有関係のちがいが引き起こす「○○ではない□□だ」という葛藤や共同をたいせつにすることでした。

　以上は、田中昌人さんのことば遣いをたいせつにして要約的に紹介したものです。そのなかで田中さんは、「さりとて」ということばを4回使っています。形式的に二極に分化した一方のみが正しいのではなく、二極の間の矛盾を尊重し合いながら克服していこうとする実践のなかで、たいせつなことがみえるようになるということを強調したかったのでしょう。

　そして、ほどなく、このような指導体制の変化を契機に、子どもたちははっきりとした変化をみせるようになりました。

　まず、子どもは「元気に全体学習に行こう」という指導者に呼応しつつ、「イッショニ、ゴハンタベヨナ」「ハヨセント、ナクナルデ」などと呼び合いながら、全体学習という学習時間の前の生活の時間と空間において、まず食事を自分たちに必要な「時間の柱」として打ち立てるようになりました。食事を無理やり食べさせて、学習に移る前に気持ちをこじらせてしまうことはよそう、食べようとしない子どもがいるならば、その補いは1日のなかでしようという暗黙の了解は杞憂となり、呼びかけ、ぶつかり合いながら、食卓に向う姿がみられるようになったのです。

　そして、寝る部屋から食事をする部屋への時間と空間の移動において、布団をたたもうとする子どもたち、カード遊びをはじめてしまう子どもたち、先生の掃除を手伝おうとする子どもたちなど、小さな集団の渦がいくつも生まれていき

ました。それが、翌日になれば布団たたみをやめてカードの集団に加わったり、そこから突き返されてきたり、昨日は掃除を手伝ってくれた子が、指導者を裏切るようにカード遊びに加わっていたり、Aという渦とBという渦がぶつかりつつ、AでもBでもない、Cという渦になっていったりしました（図2）。

　さらに目を見張ったのは、そのように自分たちで「時間の柱」を打ち立てることができたことが他の生活時間にも変化を生み、昼間の学習グループで習った『ブランコけむし』の歌がヒントになって、夕食後の時間に鴨居にぶら下がって飛び降りる「ブランコけむし」遊びが生まれたことです。机に目をつけた子どもたちは、協力してそれを運び、踏み台にして鴨居にぶら下がります。「アンタバッカリ、ズルイ」「○○チャンモ、シテミルカ」とぶつかり合い、結び合いながら、机を仲間に外してもらったり、怖くて跳べない子は机を戻してもらったりしました。シーツを使えば、オバQになって跳べることも発見していきます。

　田中昌人さんは、この近江学園生活第1班の夏休み以後の実践を総括しつつ、発達に必要な基礎成分として「手のはたらき」「道具」「変化する素材」「集団」を提案していきます。発達に必要な基礎成分とは、子どもが自らの発達の道すじを前進し、発達を内にも外にも豊かに広げていくための栄養素になるものです。

　「手」は、子どもが外界を取り入れ、新しい自分を創っていくためのはたらきです。それは取り入れるための道具であるとともに、外界への意欲が集まるところであり、発達のエネルギーが輝くところでもあります。

　その「手」が「道具」を持つことによって、もっとたくさんのことや新しいことをやりあげることができます。そこには、「手」だけでは味わうことのできない喜びが生まれます。そして道具は、友だちとつながるたいせつな仲立ちになり、力を合わせることの喜びやむずかしさを教えてくれるものでもあります。

　そこに「変化する素材」があるならば、変化に対する発見を子どもは喜び、それがまた新しい変化を探求するというような、活動の発展と拡大を引き起こすことになります。そのことによって、「道具」が新しい変化を引き起こすた

めの役割を担うものとして意識されていくし、変化や発展を共有できる仲間関係の深まりにも寄与することになります。

　参考文献④では、歯みがきのチューブをめぐる実践が紹介されます（181〜182ページ）。施設財政が厳しいなかで、チューブは子どもの手から取り上げられて指導者が案配するようなことになりかねないのですが、そうしてしまうと、歯みがきは指導者と子どもの一対一の閉塞した関係で終わってしまう時間になります。そうではなく、それを子どもの手に持たせてみると、子どもの手から手へと、まさに「変化する素材」として動きはじめます。ペロリと食べてしまう子ども、何度もつけ直そうとする子ども、歯ブラシから落ちそうな歯みがき粉を口まで運ぼうと必死の表情の子ども、指につけてから歯ブラシにつけるような工夫を考え出す子どもなど、さまざまな表情をみせながら、生き生きと子どもの手が動き出します。「はよ、うちにも」「ほら、おちへん」などと語り合い、「じゅんばん」「こうたい」ということばの意味を共有しながら、まるで歯のように「人間関係を噛み合わせていく」姿が、豊かに展開していったそうです。

　だから、「手」「道具」「変化する素材」があるだけでは、個人のなかでの喜びや発見にとどまるのであって、それを打ち破って新しい発見を創り出す可能性は限られたものになってしまうでしょう。あるいは、人間関係があったとしても、一方が他方を支配するような一方向的な関係のなかでは、共感も共同も生まれはしないのです。

　このように、子どもの活動が発展していくときの要素のつながり、さらに子ども同士がつながっていくときの要素のつながりをつくっていくことのたいせつさがみえてきます。ともすると私たちは、これらの要素を分解してそのたいせつさを理解したり、分解してひとつだけで子どもにはたらきかけることになってしまいます。

発達の主人公とは

　以上の実践のなかでみられる子ども集団の変化の契機は、田中昌人さんが監修し2007年に刊行された近江学園の実践記録『要求で育ちあう子ら－発達保

障の芽生え』(参考文献⑥)を読むことによって、いっそう具体的にみえてきます。

　この実践記録によるならば、夏休み後の4つの指導原則の仮説のきっかけになったのは、琵琶湖での「湖畔学舎」での子どもたちの変化でした。3泊4日の生活では、学園内での部屋単位の担任制ではなく、全員がひとつの集団として生活することになりました。子どもたちは、学園内の生活とは決別するように、先生や友だちとの関係を自由につくり、日課の節々で、たわいない遊びに興じました。

　「かつひこくん」という6月入園の子どもは、それまで学園のなかでは部屋の隅でうずくまってばかりだったのです。しかし、湖畔学舎に参加する前に、すでにおもしろいエピソードがありました。あるとき職員がお茶の出がらしで部屋の床の掃除をしていると、突然「もったいない、もったいない」といい出したのです。家でいっしょに生活していたお祖母ちゃんの口まねだったのでしょう。はじめて聞いた「かつひこくん」のことばだったので、居合わせた「ひでおくん」や「たかしくん」はびっくりしたり、おもしろがったり。自分たちのところに「かつひこくん」を連れてきて、車座になって手をつなぎ、うしろに倒れながら「もったいない、もったいない」を連呼する遊びをはじめたのです。最初は緊張していた「かつひこくん」でしたが、このときは笑顔になりました。おそらく、「ほんとうはおもしろいところのあるやつなのだ」というような思いを、まわりの仲間がもつようになったのです。

　その「かつひこくん」が湖畔学舎において、「こういちくん」と出会います。彼は「あほーあほー」を連発して「すべてをこなしている」ような子どもでした。2人は、「あほー」をさけびながら追いかけっこし合うようになり、それをきっかけに、着替えも洗面も食事も行動をともにするようになっていきました。そして、幼い「きよみちゃん」の手を引いて、洗面に誘う姿をみせてくれたのです。

　「かつひこくん」の変化に代表されるように、「湖畔学舎」での生活が、子どものなかにある主体性、能動性を覚醒させるようすを、指導者たちは驚きをもって受けとめました。何が子どもの変化をもたらしたのでしょうか。

子どもを「かわいい」と思えるとき

　学園の生活のみならず家庭生活においても、常に大人の意図のもとで、その期待に添うことが、子どもにとっての生活のイメージになっています。しかし、子どもはその本性において、楽しくておもしろいことをたくさんしたいのです。子どもは、虎視眈々と自分たちのおもしろいこと、楽しいことを実現できる広い空間と自由な時間、そして人間関係をねらっているのでしょう。だから、かつての施設実践においては、職員体制が手薄になる時間である「夕方に子どもは発達する」といわれたものです。当時の近江学園生活第1班の職員は、それを子どもらしさとして受け入れていくことができました。

　その時間のなかで、子どもはぶつかり合い、自分のなかにある発達の矛盾を意識しながら、新しい人間関係を結び、新しい活動にも挑戦してみようとするのです。そして大人は、子どもが自由な精神になって活動し、自分を表現したり、矛盾に立ち向かったり、仲間とつながろうとする姿を、「かわいい」と思うのです。逆に、大人が子どもをかわいいと思えないのは、たとえば、子どもがなぜ自分たちの要求に応えてくれないのかという苛立ちのなかにあるときではないでしょうか。その苛立ちは、子どもの「発達のねがい」と離れた何ものかの意識に大人が縛られているときに高じます。その意識から自由になるときに、私たちは子どもの立場で「ゆとり」をもって指導できるのです。

子どもに本物の自己決定を

　子どもの主体性を尊重すること、あるいは同じような意味で子どもを「発達の主人公」として認識することは、発達保障の理念の一番たいせつな核になる視点です。しかし、このことを具体的にイメージし、説明することは簡単ではありません。

　たとえば、自分で考え自分で選択するという意味での自主選択、自己決定は、子どもの権利として、生活や教育の場で最大限尊重されなければなりません。多くの方は、このことに異論はないはずです。しかし、自分で決定できる

ときに、いつも子どもは主体的であるか、発達の主人公になりえているかは、実はむずかしい問題なのです。

たとえば、好きな食べ物を選んで食べたとしても、「どれから食べる？」といわれて、いわれるままに手を出して口に入れることもあるでしょう。逆に、ほんとうは好きではない食べ物なのだけれど、その食事の雰囲気が楽しくて、つい手を出して食べてしまったら、思ったよりおいしかったというようなこともありえます。どっちの方が、子どもの主体性が生きているのでしょうか。

大人が子どもの上に君臨するというような一方向性のなかでは、子どもが自分で決めたことであっても、ほんとうにそれが主体的な選択であったかはわかりません。あるいは、自己決定そのものが強いられるということはないでしょうか。私は、子どもが主体的であることを保障してくれるのは、自らそうしないではいられないような、「気持ちが動く」雰囲気だと思います。その雰囲気をつくってくれるのは、子どもの「やりたがりの心」が動き出し、その心が響き合い、おもしろいことが実現していきそうな集団の力です。子どもの自主選択や自己決定は、そのような集団のなかで、主体性と自我が発揮されてこそ、本物になるのだと思います。

「閉じた対」と子どもの発達

要求を広い世界に開く

発達に障害のある子どもたちは、その障害ゆえに「閉じた対」におちいりやすい傾向をもっていることがあります。そのことを理解することによって、いっそう「手のはたらき」「道具」「変化する素材」「集団」という発達の基礎成分とそのつながりをたいせつにした指導実践の意味がみえてくるでしょう。

1歳半の発達の質的転換期では、心のなかに「2つのことを結びつける力」が芽生えます。

まず、時間的、空間的な関係を記憶する力であり、「この時間にはこの活動」「この場所ではこの活動」というような、一対一対応の「要求」を芽生えさせ

ます。しかし、第2章で例示したように、その要求はいつでも思い通りに実現できるとは限りません。自分の要求が「ダメ」の一言で拒絶されると、子どもはどう対応したらよいのかわかりません。だから田中昌人さんが名づける「だこね」によって、拒絶されたことへの怒りの感情を一方的に表現しようとするのです。「AならばB」という一対一対応の図式が子どものなかに強くつくられているので、その「B」が否定されると、子どもは要求を変更することができません。その心のみえる大人は、「B」を要求する心をたいせつなものとして受けとめつつ、「B」だけではない「C」も「D」も、いや、もっとキラキラと輝くステキなことがあることを子どもに示して、いわば閉ざされてしまいそうな心を、もう一度前向きに開いていこうとするのです。そうすれば、子どもは、「AならばBでなければならない」という一対一対応の「閉じた対」から解放されて、「B」は「C」かもしれないし、「D」かもしれないというような「○○ではない□□だ」「○○の次は何をしよう」と考える1次元可逆操作を、自ら発揮できるようになります。そうやって子どもの要求が広い世界に開かれていくことがたいせつなのです。

　事実、ナベちゃんは、縛られれば紐を解くことに向かわざるをえず、紐で縛られた自らのうしろ姿を振り返って、前向きな心を忘れてしまうのですが、縛られていないときならば、いつでも右手に太鼓や器を持ち、「もうひとつ」のいいものはないかと、キラキラ輝く心で探索していたのです。そして、野洲川のような子どもを抑制する必要のない空間が、彼のみならず指導員にも、その精神を解き放つきっかけをあたえてくれたのです。

「閉じた対」をつくりやすい2つのこと

　この発達の段階において、私たちは2つのことを心にとめておく必要があります。

　ひとつは、発達の障害によって生じる問題です。たとえば、自閉症をもつとこの一対一対応の記憶がとても精緻に、かつ量的にたくさん形成されやすく、「AならばB」「CならばD」「EならばF」…という対応関係がつくられます。

そのために、その一対一対応が拒絶されることによって、一方向的な「だこね」ともいうべき「パニック」になってしまう時期もあります。そのような一対一対応をいつも守ろうとする要求が強いことを「同一性保持」といいます。しかし、その要求は、子どものほんとうの要求ではなく、思い込んでしまった要求であることが多いのです（参考文献②、107〜110ページ）。

私は、自閉症のある子どもに「形の弁別課題」という発達検査を実施したときに、注目すべきことがあることに気づきました。写真21のようないろいろな図形が描かれた図版をみせて、さらにそのなかのひとつの図形が描かれた図版を提示しながら、「同じものはどれですか？」と問うのです。すると、ある自閉症の子どもは、私の手のなかにある図版を奪い取るようにして、たくさんの図形が描かれた図版の、同じ図形の上に重ねるようにつけようとするのでした。私が期待していることは、両方の図版を見比べて、同じ図形を指さしで教えてくれることなのですが、自閉症のある子どもの場合、この重ねたい要求はとても強いものがあります。私はそれを「マッチング反応」と名づけました（参考文献②、105〜107ページ）。この反応のメカニズムは、単純化して説明するならば、２つを関係づけるという認知と記憶の機能が発達の道すじから乖離するように先行して発達し、そこに他者と自分という関係の発達がともないにくくなっているということです。したがって、自分のなかで完結した一対一対応としての「閉じた対」を形成していくことになるのです。とくに、この「形の弁別課題」のようなマッチングの活動によって、一対一対応としての「閉じた対」は強化される傾向にあります。だからこそ、「変化する素材」や「道具」が好きになっていくような指導がたいせつなのです。

さらに説明すれば、１歳半の質的転換期は、「○○ではない□□だ」という１次元可逆操作が、外界にはたらきかける

写真21　「形の弁別課題」

操作の特徴として獲得されるとともに、「自－他」を調整する力として獲得されていくのですが、その根本の可逆操作の獲得に、発達の障害があらわれやすいということです。

　留意すべきもうひとつのことは、このような一対一対応を形成しやすい子どもに対して、ついつい大人は、大人の要求通りにしないことに苛立ち、子どもの活動を拒絶したり禁止したりしてしまうということです。あるいは、大人の意図や要求を、頭ごなしに子どもに伝えることもあるでしょう。そのようなときに、子どもは拒絶され否定された自分の要求を、かたくなになって要求したり、その場から退散してしまったり、あるいはパニックで応じるようなことになるのではないでしょうか。逆に、自我を自ら滅するように、大人の指示に常に従属するような姿になることもあります。そこでは、大人と子どもの間で、「ああいえば、こうする」「こうすれば、ああする」というような、まさに一対一対応の完結した応戦がくり広げられることになってしまうのです。それは、まず子どもに起源する問題というよりも、大人のはたらきかけに、子どもに有無をいわせない一方向的な性質があるということです。

　つまり2つの問題とは、ひとつは子どものなかに生じやすい自己完結した一対一対応の認知・記憶優位のパターンという発達の障害であり、もうひとつは、それと向き合う大人の側にある「一方向的なはたらきかけ」ということです。それが互いに他を強めてしまう性質をもっているのです。この2つの問題によって生じる行動の特徴を、私は「閉じた対」と称しました。

　実は、この「閉じた対」は、親子、たとえば、母親が主たる育児者である場合には母子の関係において生じやすい特徴をもっています。とくに、思春期になった自閉症や知的障害の重い子どもたちのなかに、母親が困ることをわかっていて、その要求をしつこく向けてくることがあります。これは、母親の拒絶、困惑を予期するように、何度もはたらきかけようとしているかのようです。大人は、どうしたらよいかわからないし、結果として、紋切型の反応をくり返すことになるでしょう。2人でいっしょに自己完結してしまうような状況になっていきます。

子どもにも大人にも精神の自由を

　なぜ母親が対象になることが多いのかは、慎重に検討する必要があります。多くの場合に母親は、子どもが物心ついたときから、常に生活の欲求を満たしてくれた「わがまま」のいえる存在であり、また必然的に、家庭や地域生活のなかで子どもともっとも多くの時間をすごし、それゆえに、叱ったり行動を抑制することの多い存在でもあります。その結果として「閉じた対」が形成され、また母親が困惑する行動をしてみることが、コミュニケーションのようになっているのかもしれません。

　しかし、母親との心理的距離を維持しようとする要求だけで、そうしているのでしょうか。私には、依存と分離という矛盾した心理が潜んでいるように思えます。子どもは、「閉じた対」という関係のなかに身を置く一方で、それを否定して、いろいろなことに興味をもちたいし、自分のいろいろな可能性を知りたいし、その興味の世界をともに楽しんでくれる人間関係を広げていきたいという発達要求ももっているのではないでしょうか。

　このようなとき、ナベちゃんにとっての「石はこびをしない石はこび学習」が教えてくれたように、大人自身が「閉じた対」を認識して、子どもへの一方向的な向き合い方から自らを解き放っていくことなくして、解決の糸口はつかめないでしょう。実は大人が、そうやって自らを解放していくことによって、大人もまた、精神を自由にして子どもとの生活を楽しむきっかけがあたえられるのです。

　しかし、母親などの大人が、精神のありようを自己変革していくべきだという問題のとらえ方では不十分でしょう。生活の現実をみるならば、自閉症のある子どもにとっては、あまりにも狭く、危険もある住環境や地域環境、他者への「迷惑」をいつも意識せざるをえない交通機関や公共施設、「多動」などののびやかな探索行動に対して受容的とはいえない人々の意識、療育や教育までもそれを「不適切な行動」とし、その改善を家族にも要求する実態のなかで、親は精一杯に子どもと向き合い、それゆえに長い時間のなかで「閉じた対」を

形成することになったのです。
　そのような生活の実態の一つひとつを解きほぐし、親の手から社会の手へと受け渡していくソーシャルワークのしごとが求められるのであり、それを現実にする地域生活支援の諸施策と法制度の内実が問われているのです。

子どもと大人の心がキラキラ輝く職場の自由を

　本章で私は、「子どもの心がキラキラ輝く」ということばを何度も使ってきました。人間として自らの生命の躍動を感じ、他でもない自分自身が、今、ここにいることを実感できる瞬間とは、心がキラキラ輝く感動のときだと私は思うのです。子どもたちにそんな瞬間との出会いを、たくさん経験させてやりたいと思いますし、実はキラキラと輝く心をもった子どもと出会うことが、私たちの心をキラキラと輝かせてくれるのではないでしょうか。
　自閉症のある子どもたちは、心がキラキラ輝くその瞬間への要求を、行動を通して雄弁に語ってくれる存在です。
　「興味の世界こそ自閉症児の至福の時であり遊びの世界である。付きあってあげるという感覚の方々には幼稚な世界と片づけられるが、年を追うごとに奥が深く夢の広がる世界はとても楽しいのである。家族がただいっしょに遊ぶだけではなく、私は常に博が今どんなことに興味をもっているかを博に関心をもってくださる方々に発信し続けてきた。みなさんは博がより楽しく燃焼できるように、さまざまな知恵を出して協力してくださった。これまでの私のおつきあいのなかで感じることは、自閉症児の興味の世界がファンタジーな世界が多いのに、この世界に入れない学校の先生が多い。このことが、学校生活のなかでの自閉症の世界を理解していただくうえでより困難にしているのである」
（参考文献⑤、105ページ）
　これは、博さんという自閉症のある息子さんを育てられたお母さんである深見憲さんのことばです。こうやって家族もまた、自らのくらし方を問いつづけつつ生きています。それに応えて、教育の場にある私たちも自らを問い、子どもとの関係のあり方を問いつづけていくことが求められるのではないでしょ

か。しかし、そのことをむずかしくするのは、多くの場合、指導にあたるものの資質ではなく、その人の外でそうさせている何かです。

　子どものキラキラ輝く心がみえてくると、きっと私たちが前に進むことをはばむ軛(くびき)があることもみえてきます。それは、教育や療育の方法を、子どもから出発するのではなくて、「かくあるべき」という前提から考えなければならないときです。たとえば、「できるようになった」事実を子どもからたくさん引き出さなければならないと心焦るとき、自分の納得できない指導方法を子どもに適用しなければならないとき、自分たちが心を込めて考えた指導計画に子どもとの回路をもたない上司から頭ごなしに書き換えを求められるようなとき…。

　教育や療育の内容や方法は、目の前にいる子どもたちにはたらきかけ、そのことを通じて子どもの理解を深めていくという回路のなかで考えられ、そして、ともに働く仲間との共同の実践によって検証されていくものでしょう。その過程では、子どものキラキラ輝く心にかなう「あんなこと」「こんなこと」を教材として想い描き、教師や保育者の心もキラキラ輝きはじめます。そこには、大人も子どもも、その精神が自由になっていく道行(みちゆき)があります。

　だから、子どものキラキラ輝く心に出会うとき、私たちは面(おもて)を上げて、こういいたいと思います。「子どもたちと私たちの心を解き放つことのできる職場を、そして社会を、みなさん、力を合わせてつくりましょう」と。

【参考文献】

①糸賀一雄（1968）福祉の思想．日本放送出版協会．
②白石正久（2007）自閉症児の世界をひろげる発達的理解——乳幼児期から青年・成人期までの生活と教育．かもがわ出版．
③財団法人大木会心身障害者福祉問題綜合研究所（2003）夜明け前の子どもたち・完成台本．全障研出版部．
④田中昌人（2006）復刻版・講座発達保障への道 ③——発達をめぐる二つの道．全障研出版部（原著は，1974年）．
⑤深見憲（2003）成人期．そだちの科学，第1号．日本評論社．
⑥「要求で育ちあう子ら」編集委員会編・田中昌人監修（2007）要求で育ちあう子ら——発達保障の芽生え．大月書店．

第4章
1歳半の子どもの発達診断
―保育・教育や健診などで発達をみるしごとのために―

子どもの発達は、その姿をながめているだけでは、たいせつなことはみえてきません。意図をもってはたらきかけてこそ、みえるようになることがあります。「発達の検査」は、そのために用意されたひとつの道具です。本来のそれは、大人からの一方向的な「検査」ではなく、子どもがはたらき返し、能動的な試行錯誤をくり返しながら、新しい可能性を生産していくプロセスをみるものであるべきです。そして、そこで子どもがみせてくれる活動のすべてから、一人ひとりの発達のありようを明らかにしていくのが発達診断です。

　「発達の検査」の検査項目を「できる－できない」という尺度だけでみようとする発達診断は、発達の道すじを切り取って、その断面のようすをみようとするだけの評価です。そうではなくて、その子どもが発達の道すじのどこでがんばっているのか、「ちょっとむずかしいけれども、その矛盾に挑戦してみよう」と思えるレベルや発達のエネルギーの高まり方は如何様かをさぐる動的な過程への評価でありたいと思います。

　本章では、1歳半の発達の質的転換期のようすを診断することに焦点をしぼって、「発達の検査」を解説していきます。「発達の検査」といえども、子どもにとってはたいせつな活動なので、そのなかで自分らしい表現や試行錯誤が発揮できるような自由度のある素材・道具を用意し、かつ子どもの活動やコミュニケーションを、大人も自由度をもって受けとめ返せるような関係をたいせつにしたいと思います。そこでは、子どもの活動への受容、共感、激励、ときにはあえて抵抗をあたえてみるような試みもあるでしょう。

　したがって以下で解説していく「発達の検査」は、発達年齢（DA）や発達指数（DQ）の算出などを目的とするものではなく、むしろ教育的ともいうべき場面設定を旨とするものです。

　「発達の検査」の解説につづいて、それによって一人ひとりの発達を読み解く発達診断の視点を述べます。それは、1歳半の発達の質的転換期とはいかなる過程であるかを、あらためて確認する作業であり、本書の終章にふさわしい内容になるように書き進めたいと思います。

「発達の検査」の課題

　まず、1歳半健診などの「発達スクリーニング」などで広範に使われる「はめ板の円板回転」、「絵指示」、「身体各部」の課題について説明します。これらはいずれも、『新版K式発達検査2001』（京都国際社会福祉センター、参考文献①）という発達検査に含まれる課題です。

　つづいて、田中昌人さん、田中杉恵さんによる『子どもの発達と診断3・幼児期Ⅰ』（写真・有田知行さん、参考文献④）のなかから積木の「対配分」の課題、そして私が行っている「1つの円錯画モデル」、「対の円錯画モデル」の描画の課題（参考文献②）によって、1歳半の発達の質的転換を達成するとはどういうことかを説明してみたいと思います。

「発達スクリーニング」などで用いられる課題

●「はめ板の円板回転」

　子どもの前に、利き手側から円孔、三角孔、四角孔が並んでいるはめ板を置き、円孔の手前に白い円板を置き、「ナイナイしてね（入れてください）」と優しくうながします。1歳のお誕生日ころから定位できる（入れられるようになる）子どもが多いでしょう。そのあとで、「グルグルするよ」といいながら子どもの注目を誘い、180度回転して再び置きます。そして「もう一度ナイナイしてね」とうながします。そのときに、子どもがゆっくり全体を見渡すような「間」をもった構えをみせてくれるかは、たいせつなことです。

　1歳なかごろの子どもは、四角孔に円板を入れようとすることが多いでしょう。なぜなら、先ほど円孔があり、たしかに円板を入れることができた位置に四角孔が来ているからです。このような反応を「お手つき」といいます。

●「絵指示」

　「犬」「自動車」「人形」「茶碗」「鋏」「魚」が描かれた図版を提示して、「犬（ワンワン）はどれですか」などと順番に優しく問いかけます。子どもが指さ

しで答えてくれることを期待する課題です。ここでも、子どもに問いかけのことばをしっかり受けとめてから答え返そうとするような「間」をもった構えがあるかは、たいせつなことです。

● 「身体各部」

「絵指示」と同様に、「目（オメメ）はどれですか」などと、「目」「鼻」「口」「耳」の順にたずねます。指さしや手で触ることで答えてくれることを期待する課題です。

つづいて、『新版K式発達検査2001』にはない問いかけとして、「目」「耳」を答えてくれたあとで、「もうひとつの目（耳）はどれですか」とたずねてみます。これは、「対」における「もうひとつ」の意味が理解できるかなどをたしかめようとするものです。

この3つの課題の意味について説明しましょう。

「はめ板の円板回転」は、「○○ではない□□だ」という1次元可逆操作の獲得の状況をみるのに適した課題です。1歳前半は、「入れられた」という学習が一度成立すると、そのことに規定されて同じことをしようとするような直線的な活動が目立つ時期です（**写真22**）。それはけっして否定的な姿ではなく、「できた」という学習が子どもの次の活動の能動性を高めているともいえるでしょう。しかし、そのことによって「入れられない」という現実にも出会うのが「お手つき」反応なのです。そうしてはじめて気がついて全体を見渡すと、反対方向に見覚えのある円孔があります。そのことによって、「こちらではない、あちらだ」と考えて入れ替えられるようになるのが、1歳半の発達の質的転換期であり、1次元可逆操作の獲得期なのです。このような「つまずき」を心の糧にして学習し、1歳後半になれば「お手つき」反応なしで入れられるようになるでしょう。それは「○○ではない□□だ」という1次元可逆操作が、「次第に頭のなかに入っていく」と形容すべき「内化」の過程なのです（**写真23**）。

発達に障害のある子どもの場合には、2つの傾向がみられることがあります。ひとつは、「お手つき」反応がつづき、1次元可逆操作が「頭のなかに入っていく」ことのむずかしさが長くみられるケースであり、もうひとつは「お

手つき」反応をせずに、直感的といってもよいような入れ方で、反対方向に移動した円孔に、直接入れられるケースです。

　前者の場合には、次に解説する「○○はどれ」に答える「可逆の指さし」もむずかしいことが多く、言語の獲得に時間を要することがあるでしょう。発達の遅れが顕著にならないかを注意しながら、経過をみたいと思います。後者の場合には課題にはいっけん正答しているわけですが、その他の活動において「○○ではない□□だ」という1次元可逆操作が発揮されているようすが確認しにくいようならば、やはり注意深く経過をみる必要があります。とくに自閉症が顕在化していく子どもの場合には、この1次元可逆操作が獲得されていくときに、初期の困難がみられるケースがあるからです。

　「絵指示」「身体各部」は、共通した発達の力量がみられる課題でもあるので、その点をまず説明します。子どもは、生後10か月ころから発見したものを、その喜びとともに身近な大人に伝えようとする指さしをするようになります。この指さしは「まさにその位置にある」ということを示す意味をもっており、かつ他者に指し示すものでもあるので、田中昌人さんは「定位の指さし」と名づけています。この時期は、「メンメ」などの叱りことば、「ジョウズ」などのほめことばの理解や、大好きなものや遊びの名前の理解はできはじめるのですが、まだ「○○はどれ」に指さしで答えることはできません。つまり、1歳前半では、発見の喜びに導かれるように自ら指さしで示すことはできるのですが、「○○はどれ」という相手のことばによる問いかけを受けとめ、理解した上で答え返すことはむずかしいのです。そこには、他者との共感や共有が可能になりはじめた姿がある一方で、まだ「自分から」という一方向性を基本にした応答になっています。しかし、子どもの指さしや発見の喜びを受けとめてくれる対人関係があることによって、この一方向性は、他者のことばと意図を受けとめて答え返すという双方向性への転換を準備しているのです。それが、可能になるのが1歳半の発達の質的転換期であり、1次元可逆操作の獲得過程なのです。「受けとめて答え返す」という双方向性は、まさに「可逆」ということばにふさわしいので、これを田中昌人さんは、「可逆の指さし」と名づけ

写真22　1歳3か月児の「はめ板の円板回転」

① 両手でしっかりと円孔に定位する。
② 定位した円板を自分で出して、立ててみたり向きを変えてみたりする。
③ 今度は、反対側にある四角孔に入れてみようとする。このように、あれこれと自分で試そうとする姿に、「○○ではない□□だ」という1次元可逆操作をリハーサルするような豊かな活動をみることができる。
④ そうして、もう一度円孔に入れ直す。

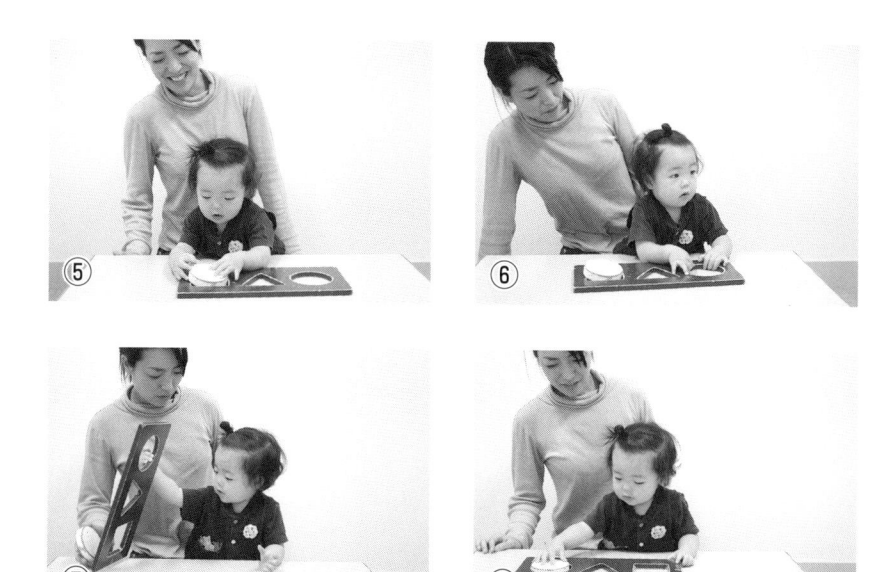

⑤ 孔のあいた基板を180度回転して、「もう一度入れてね」とうながす。先ほど円孔のあった位置に定位しようとするが、そこには四角孔があり、入らない。
⑥ 反対側に円孔のあることを確認し、両手で触れ、検査者にも伝えようとする。
⑦ しかし、円板を入れ直すのではなく、基板をもって向きを変えようとする。
⑧ 自分で基板を動かし、元の位置に円孔を戻してから定位する。このように１次元可逆操作のリハーサルをさまざまに試みながら、その一方で自分が経験的に学習したことを変更しようとはしない。その直線性が、１次元可逆操作をしなやかに獲得していくためのたいせつな土台になる。ここには、自分の経験によって学習したことを変更したくない思いと、「○○ではない□□だ」という１次元可逆操作の芽生えが矛盾して並存している。

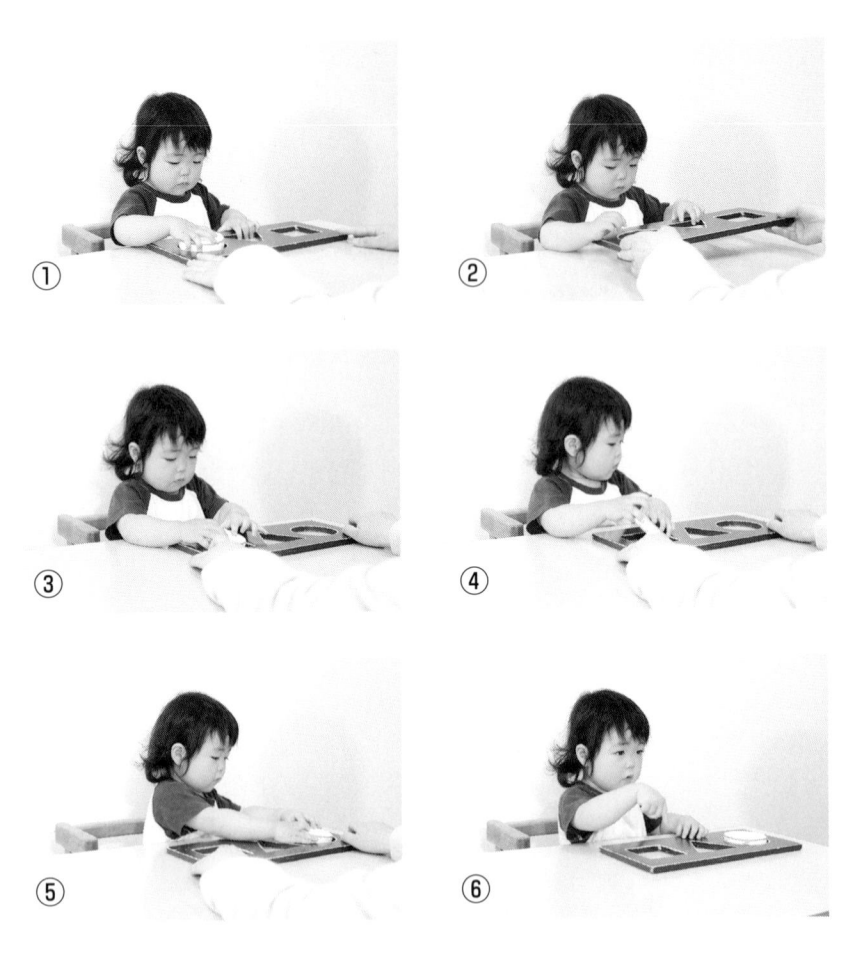

写真23　1歳6か月児の「はめ板の円板回転」

① もう片手で定位できるようになった。
② 基板の回転をみつめる。
③ 最初は、目の前にきた四角孔に「お手つき」で入れてしまった。
④ すぐに、反対側に円孔があることを確認する。
⑤ ていねいに円孔に入れ直す。
⑥ 「お手つき」した事実を反芻するように、検査者に四角孔を指さして教える。自らの活動の過程を振り返ることができるのも、1次元可逆操作のたくましい姿である。

ました。同時に「可逆の指さし」の背景にあるもうひとつのたいせつなことは、「お魚ではない、ワンワンだ」などと、「犬」を認識して答え返しているのであり、「○○ではない□□だ」という１次元可逆操作が発揮され、言語による選択が可能になっている姿とみることができます。おそらく、この「受けとめて答え返す」という「自－他」の関係の獲得と、「○○ではない□□だ」と思考し選択する力の獲得は、発達において関係の深い「つながり」をもっているのであり、根っこは同じなのかもしれません（写真24）。

　「絵指示」と「身体各部」の課題に答えられるようになる土台の力は、上記のように共通して説明することができるものです。この２つの課題の「ちがい」に注目するならば、それは「身体各部」が自分の目ではみえない自分自身を対象として答える課題だということです（写真25）。

　みえないけれどまさにそこにあることを自信をもって答えるのは、簡単なことではありません。

　自分を対象とするという点では、指さしに限らず、生活のなかでは口や手や足を自分の支配下においてコントロールすることによって、子どもは、食べる、歩く、衣服を着脱するなどの身辺動作を獲得していきます。その身辺動作の獲得過程において、子どもは「ひとつ」ではない「もうひとつ」という「対」の認識を豊かにしていくのです。人間のからだにはさまざまな「対」が存在していますが、それが１歳半の発達の質的転換期のみならず、「ひとつ」と「もうひとつ」の間を可逆的に「行き戻り」することのできる可逆操作の獲得のたいせつな基盤になっているのでしょう。

　１歳半の発達の質的転換期は、話しことばが急速に広がっていく時期なので、ことばの多少に大人の目がいきがちですが、むしろ子どもが自らことばを学習していく土台としてのはたらきが備わっている「可逆の指さし」の獲得状況を注意深くみる必要があります。

　ひとつ補足すれば、「可逆の指さし」の獲得がむずかしい子どもに対して、「○○はどれ」という学習課題を日常的にくり返したからといって、それに答えられるようになるわけではありません。それは明らかに大人からの一方向的

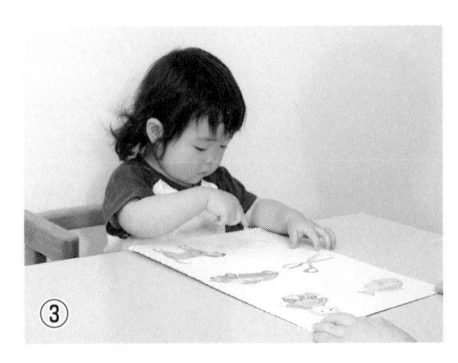

写真24 「絵指示」の課題で「可逆の指さし」で答える1歳6か月児

① 「犬はどれですか？」に右手の指さしで答える。
② 「人形はどれですか？」に今度は左手の指さしで答える。
③ 「ごはんのお茶碗はどれですか？」に右手の指さしで答える。このように、どちらの手も指さしに使われるのが1歳6か月ころの特徴でもある。1歳6か月で、このように確実に「可逆の指さし」で答えられる子どもは、半数ほどである。やがて1歳10か月ころには、確実になっているだろう。

写真25 「身体各部」の課題で「可逆の指さし」で答える1歳6か月児

① 「お耳はどれですか？」に右手で触れて答える。「絵指示」のときよりも明らかに不安げであり、その心が指すいになっているようだ。
②③ あえて、ぬいぐるみを提示し、「お鼻はどれですか？」「お口はどれですか？」とたずねる。指はすいつづけているが、自信をもって答えてくれた。

な指示であり、「可逆の指さし」の土台にある自らの発見の事実や喜びを他者に伝えようとすることと、他者の意図を受けとめて答え返そうとすることがひとつになる双方向性を獲得させてはいません。子どもの主体的な発見や感動が豊かさを増し、そしてそれを受けとめてくれる大人との人間関係が深まっていくことによって、まさに可逆にふさわしい人間関係を獲得していくことになるのです。障害などを原因として「できない」ことがある子どもに対して、私たちはついついその「できない」ことを機械的に学習させて「できる」ようにしようとします。また、ある基準を選んで、それが「できる」か「できない」かという評価を私たちはしてしまいがちですか、それが「できる」ようになるまでの過程のどこで、どのように子どもがつまずき、あるいはがんばっているのかを理解しないと、子どものほんとうの姿に手をあてる指導にはならないのです。

飛躍しつつある発達の力をみるための課題

● 「対配分」の課題

　8個の赤い積木を子どもの正面に置いてから2枚の皿を並べて、「どちらにもお片づけしてね」とうながします。①子どもから見て、左右の皿のどちらに、どのような順序で入れようとするのか、②どちらの手を使うのか、③入れながら子どもの正面に座る大人と、どのようなコミュニケーションをとろうとするか、またどのように視線を合わせようとするかを観察します。

● 「1つの円錯画モデル」の課題

　子どもに紙と色鉛筆を提示し、子どもが描きはじめたあとで、「私もグルグルするよ」と言いながら、子どもからみて紙の上方の余白に円錯画のモデルを描いてみます。①そのモデルを、子どもがどのように発見するか、②そのモデルに対して、子どもが自分の表現をどのように変化させるか、とくにモデルに自分の表現を接近させてくるかを観察します。

● 「対の円錯画モデル」の課題

　まず大人が「グルグル描くよ」といい、子どもの注意をひきながら、子どもからみて紙の上方に2つの円錯画を描いてみせます。そして、「○○ちゃんも

描いてね」といって、その紙と鉛筆を子どもに提示します。①対の円錯画のモデルを、子どもがどのように発見するか、②対のモデルに対して、子どもがどのように自分の表現を行うかを観察します。

１次元可逆操作の獲得の過程の特徴

「発達スクリーニング」で用いられる課題によるステージの区分

「はめ板の円板回転」「絵指示」「身体各部」の課題を半分以上の子どもが達成する月齢は、私のデータによれば以下のようになります。

「はめ板の円板回転」は、「お手つき」反応をともないながら、15か月（１歳３か月）ころにできるようになります。「絵指示」「身体各部」の課題は、19か月（１歳７か月）ころにできるようになります。「身体各部」の課題において、「もうひとつの目、耳」などが答えられるのは21か月（１歳９か月）ころからです。

以上のような達成の順序があるので、**ステージ１**「はめ板の円板回転」がまだむずかしい子どもたち、**ステージ２**「はめ板の円板回転」は通過したが、「絵指示」「身体各部」の通過がむずかしい子どもたち、**ステージ３**「絵指示」「身体各部」は通過したが、「もうひとつの目(耳)はどれですか」の応答がむずかしい子どもたち、**ステージ４**「もうひとつの目(耳)はどれですか」も応答できるようになった子どもたちの４つのグループに分けて、１歳半の発達の質的転換期で飛躍しつつある力をみるための課題への応答状況をみてみます。なお、それぞれのグループの発達の特徴を概説するならば、以下のようになります。

●ステージ１

「入れる・渡す・積む」などの定位的活動は獲得されているが、さらにつづけて「入れる・渡す・積む」という持続性は十分ではなく、「○○ではない□□だ」という１次元可逆操作の獲得は開始されていないとみられる子どもたち。

●ステージ２

「○○ではない□□だ」という１次元可逆操作が、手指の操作において「お

手つき」などの試行錯誤をともないながら獲得されはじめているとみられる子どもたち。

●ステージ3

「○○はどれ」に応答できるなど、言語による事象の共有と1次元可逆操作が可能になりはじめているとみられる子どもたち。

●ステージ4

言語による事象の共有と1次元可逆操作が、「もうひとつ」という「対」の認識に発展しているとみられる子どもたち。

1次元可逆操作の獲得の過程を検討する

●「対配分」の課題

　実は、ステージ1の子どもの半数近くが「入れ分け」をしてくれます。それはまだすべての子どもに共通するようなたしかな傾向ではありませんが、「はめ板の円板回転」で「○○ではない□□だ」という入れ替えができていなくても、2つの皿をとらえて「入れる」ことはできはじめている子どもがいるのです。つまり、積木や皿というような可動性が高く、自由な表現のできる道具や素材の工夫によって、「対」に「気づく」ことは比較的早くにできはじめるのです。

　ステージ2になると、ほとんどの子どもが「入れ分け」をしてくれるようになります。しかしまだ、一方の皿から他方の皿への切り替えは1回のみという子どもの方が多いでしょう。

　ステージ3になると、その切り替えが2回以上という「ていねいな入れ分け」をしてくれる子どもが過半数になります（**写真26**）。「○○ではない□□だ」という1次元可逆操作がきめ細かく発揮されているようにみえます。その結果として、左右の2つの皿には、同じような数の積木が入れられることになります。

　ところがステージ4になると、一方の皿に入れ、つづいて残りの積木を他方の皿に全部入れるというような、切り替え回数の減少と、左右の皿の積木の数

の不均衡という結果になります（**写真27**）。このステージ４の結果は何を意味するのでしょう。

　さらに、配分のしかただけではなく、この課題を提示した大人との関係がどのように変化していくかを検討してみましょう。とくに、積木を皿に配分する過程で、目の前にいる大人と何回視線を合わせようとするかを検討してみます。すると、ステージ２で視線を合わせようとする回数は急に増加し、ステージ３になると逆に急に減少します。この増減は、統計的な有意差をともなって顕著にみられます。また、子どもが配分を終わったときに、「ちょうだい」ということばをかけてみて、その反応を検討してみます。すると、ステージ２では皿のなかにある積木を渡してくれる子どもと、皿ごと渡してくれる子どもの人数が拮抗するのですが、ステージ３になると、積木の入った皿ごとさし出してくれる子どもがほとんどになります。このような変化の過程への考察は、後述することにします。

● 「１つの円錯画モデル」の課題

　まず、それぞれのステージの子どもたちの描画の基本的な表現レベルをみると、ステージ１は、トントンと紙に鉛筆を打ちつける表現をする子どももいますが、鉛筆を横に動かして描く「なぐり描き」が大半です。ステージ２になると不規則な描線ではありますが、グルグルと描く「円錯画」への移行期にある子どもが増えてきます。ステージ３になると、同心円的で規則的な描線での「円錯画」を描ける子どもが大半になります。ステージ４になると、「円」が閉じはじめるような描き方をする子どもがみられるようになります。

　以上のような各自の表現レベルでB4版の紙に子どもが描画をしているときに、子どもからみて紙の上方に、「グルグルするからね」といいながら円錯画のモデルを描いてみます。

　ステージ１は、「なぐり描き」をしながら、モデルを横切るように接近してくる子どもが多いです（**写真29-①**）。ステージ２になるとすでに円錯画が描けはじめている子どもは、自分の描いていた円錯画から慌てたように線を伸ばして直線的にモデルに接近してきます（**写真29-②**）。ステージ３になると、

モデルのなかに自らの円錯画の中心を移動させ、そこに描き（写真28）、そのあとで余白に戻って、2つ、3つの円錯画を描き連ねるようになります（写真29-③）。ステージ4では、モデルには注目しますが接近せず、モデルをみながら自分の円錯画を描く子どもがほとんどになります（写真29-④）。つまり、モデルに誘われてそこに接近する段階から、モデルを認めつつ自分の領域で自分の表現を行うようになる段階へのプロセスが確認できます。

● 「対の円錯画モデル」の課題

　この課題は、子どもの目の前でB4版の紙の子どもからみて上方に2つ（対）の円錯画を描いてみせてからその紙を提示し、鉛筆を子どもに手渡すものです。

　ステージ1は、対の一方の上に「なぐり描き」などを描き、その表現を次第に他方に伸ばしていく子どもが多くいます（写真29-⑤）。ステージ2になると一方の上に「なぐり描き」や「円錯画」を描き、そこを起点として他方の上にも同じ表現を行う子どもが過半数になります（写真29-⑥）。ステージ3では、その子どもたちが、対の両方の円錯画の上に別々に円錯画を描こうとするようになっていきます。これは、モデルの対称性に応じて、子どもも対称的な表現をしようとしているようにみえます（写真29-⑦）。そして、ステージ4では、対のモデルの中間の位置か、子どもの利き手側のモデルの下に円錯画を描こうとする子どもがほとんどになっていきます。つまり、対であることを認識しつつも、2つを描いて対を模倣するのではなく、ひとつだけの円錯画を描いてくれるようになるのです（写真29-⑧）。

自立した思考をもちはじめる1歳半の質的転換期

　1歳半の発達の質的転換期を中心にして、以上のようなはっきりとした変化がみられるのが1歳児の姿です。ステージ1からステージ4までの変化をたどるならば、次のような特徴を見出すことができるでしょう。

　「はめ板の円板回転」において「お手つき」反応を含みながらも「○○では

ない□□だ」という１次元可逆操作の獲得がはじまる１歳前半において、「対の皿」への配分や「対の描画モデル」をとらえての接近がみられるようになります。これが「ひとつ」ではない「もうひとつ」を視野に入れて、「対」の間で活動をつなげたり、切り替えていこうとする時期なのです。「対」が生まれるときということもできるでしょう。

　このときに特徴的なのは、たとえば、積木を皿に配分しているときに、その課題を提示した大人と何度も視線を合わせようとする姿です。この視線の意味は、次のステージ３になると、目を合わせることがはっきりと減少していくという変化によって示唆されています。おそらく、「○○ではない□□だ」という１次元可逆操作を自発的に発揮して、活動をつなげたり切り替えていくスタートラインにおいて、子どもはその「第一歩」への大人の受容や承認を含む心理的な支えを強く必要としているのでしょう。それゆえにこの時期の子どもは、相手が描く円錯画のモデルに自らの表現を接近させるような、他者の活動に誘われたり、調子やリズムを合わせようとするような気持ちをはっきりともっているのです。「対」が生まれていく段階、つまり１次元可逆操作の獲得期において、他者とのこのような心理的関係が獲得されていくことを、発達における連関（つながり）として見出すことができます。

　しかし、ここでたいせつなことは、自らの意図による１次元可逆操作の発揮と、他者の受容・承認やモデルを求めていることは、あきらかに両立することがむずかしいという矛盾をはらみはじめているということです。

　大人によって受容、承認、誘発された１次元可逆操作の自発的な発揮は、ステージ３において、対の皿への配分、対の描画モデルへの接近に見られるように、きわめて密度の高い「対」の対象への活動に発展していきます。つまり、何度も入れ分け、何度も「対」に接近するようになるのです。しかし、この時期になると、配分の間に大人と視線を合わせることは急に少なくなります。つまり、「入れ分ける」という活動の意味を認識したならば、もう「これでいいのかな」というように他者の受容・承認を求める必要はなくなるのです。他者の意図を引き受けて、自分の意図として取り込んで入れ分け活動をしている姿

写真26　1歳6か月児の「対配分」

① まず、右手で2つの積木を右の皿に入れる。
② 左の皿に2つを入れる。
③ さらに、左の皿に2つを入れる。
④ 今度は、右の皿に残りの2つを入れる。すべて右手を使っての定位である。

⑤ 入れきったことを検査者と確認する。
⑥ 左の皿から左手で2つの積木を取り出し、つづけて右手で2つを右の皿に移し替える。
⑦ 左手に持っていた2つの積木を、右の皿に入れる。すべての積木が右の皿に入る。
⑧ 今度は、右手で右の皿を持ち、なかの積木を左の皿にすべて移し替える。

写真27　2歳児の「対配分」

① 右手で3つの積木を右の皿に入れる。
② つづいて、左手で3つの積木を左の皿に入れる。
③ 残りの2つの積木を両手を使って左の皿に入れる。結果として右に3つ、左に5つという不均衡な入れ分けになった。

写真28　1歳6か月児の「ひとつの円錯画モデル」

① 子どもがなぐり描きをしているときに、検査者が円錯画のモデルを描いてみせる。
② 左手に持つ鉛筆でモデルのなかに描きこんでくる。
③ 鉛筆を右手に持ち替えて、さらにモデルに描きこもうとする。

ステージ1　　　①	ステージ1　　　⑤
ステージ2　　　②	ステージ2　　　⑥
ステージ3　　　③	ステージ3　　　⑦
ステージ4　　　④	ステージ4　　　⑧

写真29

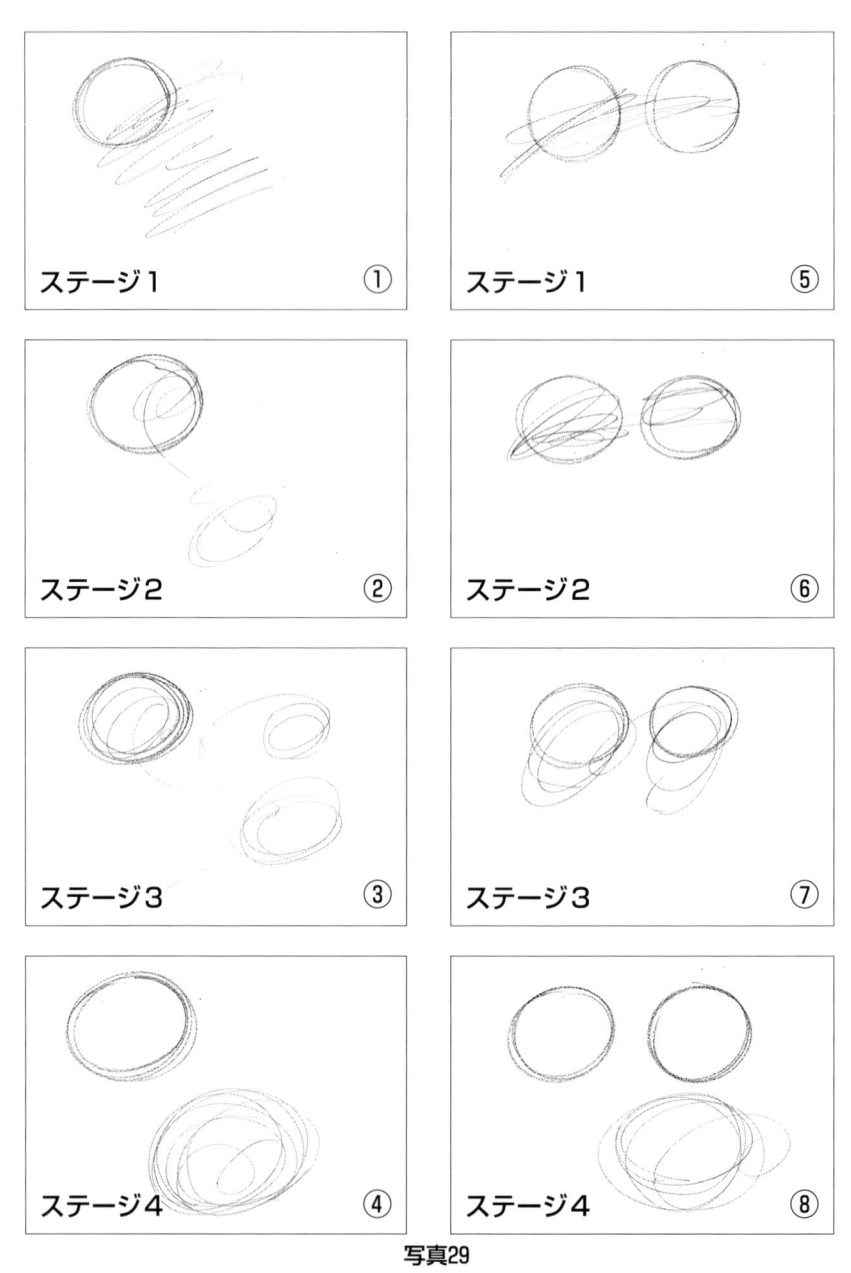

「ひとつの円錯画モデル」への反応　　　「対の円錯画モデル」への反応

とみることができるでしょう。あるいは、描画のモデルに接近して描くことはあっても、紙の余白に戻って自分の円錯画をさらにたくさん描き連ねようとするような、自分の表現の広がりがみられるようになるのです。他者のモデルを引き受けて、一度はそこに接近し模倣したけれども、あらためて自分の表現として取り込んで、自分の領域でたくさん描いていこうとするようになるのです。

　つまり、「自－他」の関係が、活動を共有しつつ、他者は他者、自分は自分としての分化をはじめる段階に入っていくのです。このころから、積木を配分したあとに、「ちょうだい」に応えて積木の入った「対」の皿をそのままさし出してくれるようになります。それは、他者によって要求された配分活動とそれに応えて配分した自らの活動をみつめ直して、相手との関係で共有しようとする姿といえるでしょう。他者と自分の意図が言語を仲立ちにしてひとつになり、そのうえで自分の活動として、他者と結果を共有しようとする段階に入っているのです。「○○はどれ」に対して「可逆の指さし」で答えてくれることと、同じ発達の力を表現しているのです。

　このことは、他者を手がかりにして1次元可逆操作を発揮しはじめたなかで、他者に支えられたり先導されるばかりではなく、自分の活動を自分で判断して行うはたらきが、子ども自身のなかに育ってきていることを示しています。そのような活動の主体としての機能が子どもに備わることによって、「対」の皿への配分の意味をとらえて、1回だけ入れ分けをしようとするような配分のしかた、「対」のモデルが同じ2つの表現であることをとらえて、ひとつだけ描こうとするような描画表現をするようになります。そこには、相手の要求、意図を受けとめて、2つの皿、2つの円錯画というような「形式」にそって答えるのではなく、自分なりに「内容」（意味）を理解し考えて、答え返そうとする力が生まれているのでしょう。つまり、その土台には1次元可逆操作が「独り立ち」していくというたいせつな過程が潜在しているのです。

発達の障害を視野に入れた指導の課題

　仮に「はめ板の円板回転」の課題で、「お手つき」をしないで正しく入れることができても、「○○ではない□□だ」という1次元可逆操作が発揮されていないような入れ方ならば、むしろ活動全般をていねいに検討してみる必要があることは、すでに述べました。とくに、他者と視線を合わせようとするような共感的な「自－他」関係や、「○○ではない□□だ」というように試行錯誤し考えるための「間」がみられにくいならば、注意深く発達の経過をみたいと思います。このような傾向のあるときには、「○○はどれ」に答える「可逆の指さし」もむずかしいはずです。

　典型的には、後に自閉症（広汎性発達障害）が顕在化してくる子どもたちに、1歳半健診でこのような特徴が見出されることが多いでしょう。自閉症は、対人関係とコミュニケーションの障害をその特徴のひとつとしているので、その障害に応じて対人関係やコミュニケーションを改善しようとするような療育目標が設定されやすいのですが、むしろ本章で経過をたどったように、手指の活動や素材・道具活動において、「○○ではない□□だ」という1次元可逆操作が能動的、主体的に発揮されていくようなときに、他者の活動への憧れ、受容・承認を求める気持ち、結果を共感しようとするねがいが高まっていくのであり、そのような「まとまり」や「つながり」のある活動がたいせつなのです。

　たとえば、「発達の検査」の課題においても、「はめ板」のような答えがひとつしかないような道具では、子どもの試行錯誤は生まれにくく、四角孔への「お手つき」反応から脱出して円孔に入れられるようになるまでに、ある程度の時間を要します。しかし、積木を2つの皿に配分するという「対配分」の課題ならば、ひとつではない「もうひとつ」の皿に誘われるように、子どもたちは、自由度のある活動によって「○○ではない□□だ」を比較的早くから発揮するようになるのです。自由度は、変化する素材や道具があることによって発

揮されるのであり、その変化の発見が、異なった対象にはたらきかけ、異なった活動をしてみようとするような活動の変化を、必然的に子どもにもたらします。その外界や自分の活動の変化をとらえたときに、子どもは自分のなかだけではなく、他者との関係での受容・承認や共感を求めるようになるのです。

1歳半健診のあとのフォロー（経過観察）のための「親子教室」などにおいては、そのような変化する素材・道具にはたらきかける遊び、また生活のなかでのさまざまな変化の発見に出会えるような活動を意図的に用意し、家庭での生活や遊びのヒントにしたいものです。そのような活動を親子と療育者がともにすることによって、子どもの心を誘い、かつ受けとめていくことへの手がかりを、実体験的に伝えていくこともできるでしょう。さらに、仲間がいることによって、そこに憧れたり、ぶつかり合ったり、子ども同士で共感し合ったり、やり取りが成立したりという関係において、「○○ではない□□だ」の1次元可逆操作は、さらに自由度高く発揮され、一人ひとりの子どもたちにおいて、「内化」していくはずです。

第3章で述べたような、「手」「道具」「変化する素材」「集団」という発達の基礎成分が豊かに、そして総合的に保障される療育を、乳幼児健診につづく療育システムの幹として創っていきたいものです（白石正久「療育における子どもの発達と指導」参考文献②、79－94ページ）。

【参考文献】
①生澤雅夫・松下裕・中瀬惇編著（2002）新版K式発達検査2001・実施手引書．京都国際社会福祉センター．
②障害乳幼児の療育に応益負担を持ち込ませない会編（2011）障害のある子どもと「子ども・子育て新システム」．全障研出版部．
③白石正久（1994）発達障害論 第1巻．かもがわ出版．
④白石正久・白石恵理子編（2009）教育と保育のための発達診断．全障研出版部．
⑤田中昌人・田中杉恵著，写真・有田知行（1984）子どもの発達と診断3・幼児期Ⅰ．大月書店．

エピローグ

人と人との間で創り出す発達的自己肯定感

ファインダーのなかで演じる子どもたち

　東京で山手線に乗っているときに、ある駅から母親に連れられて、幼稚園の制服姿の男の子が乗ってきました。聞くとはなしに聞いてしまったそのときの会話は、私には重い響きをもっていました。
　「ねぇねぇ、今日のリレー、なんで最後までがんばれなかったのかなぁ、ビデオ撮ってたのにねぇ」
　母親が男の子に問いかけていることの意味は、すぐにわかる内容でした。私は、思わず後方にいる男の子を振り返ってしまったのです。その顔は、「悲しい失敗」に強く打ちひしがれたものでした。思い出すその日のことは、私にとってはフィクションのようであり、だからこうやって書くことができるのでしょう。
　そう言わざるをえなかったのだ。何かが母親にそう言わせているのだ、「何かが」。
　私は、そう心のなかで問いかけるしかなかったのです。
　このことをきっかけとして、私は学生に次のような質問をたびたびしてみたものです。「君たちの保育所、幼稚園時代に、お父さん、お母さんは、家庭用のビデオカメラをもって、発表会や運動会を撮影してくれたと思う。振り返って、その映像を家で見せてもらうことは、うれしいことでしたか」。
　学生たちには随分と過去のことであり、リアリィティのある思い出などは、誰からも語られることはありませんでした。しかし、あのことも次のことも、ひとつの象徴的な事象として、彼らに語らずにはいられなかったのです。
　この話題に対するある保育士の感想として耳にしたのは、家庭用のビデオカメラが普及するようになってから、発表会や運動会での拍手の音の大きさが、明らかに小さくなったというものでした。
　ビデオカメラを手にしていては、拍手はできません。結果として、ほんとうは子どもたちの精一杯の姿を、万感と満場の拍手で迎えてやりたいのに、大人の心がひとつにならないというのです。

一般の家庭でも何とか手に入れることができる価格になったビデオカメラは、運動会や卒入学の季節になると、幸せな家庭の象徴のように宣伝するテレビ・コマーシャルにのって、私たちの生活に入り込んできました。それを手にする父親は、手と脇に汗をかきながら、一生懸命にわが子の舞台の上の姿をとらえようとするはずです。最初は、舞台の上にいる30人の子どもたちを広角で撮影するでしょうが、やがてズーム機能を使って、わが子ひとりを望遠でとらえるでしょう。まさにわが子の「出番」が近づいているのです。子どもは、そのファインダー映像のなかで首尾よくセリフをいえればよいのですが、「悲しい失敗」が撮られることにならないとも限りません。
　ここでは、ビデオカメラの功罪を論じようとしているのではありません。そこに、今を生きる小さい子どもとその家族の縮図とでも表現すべき姿があるように思われたのです。このように大人の視野のなかで成功を期待されている子どもたち。しかも、ズームアップされて大きな期待を背負う子どもたち。想えば、いつでも子どもたちは、映像のなかで演じるような仕草で、生活しているのではないか。そこには、大人のまなざしにかなおうとするたいへんな努力があります。そのまなざしのなかで、ただ自分だけの「成功」と「失敗」を心に刻んで、彼らは成長していくのでしょうか。
　どうしてもビデオカメラにこだわってしまいますが、発表会や運動会のビデオは、親たちが話し合って、上手に撮影できる人が撮ったものを、みんなでダビングして分け合うことにしたらどうでしょう。でも、そのときにみんなでたしかめ合っておかなければいけないことは、「あなたの子どもさんだけが写っているのではありません」というたいせつな事実です。ひょっとすると、他の子どもさんに比べて「ちょっとしか写っていない」かもしれないのです。でも、みんなでがんばって創り上げた発表会であり運動会なのです。その「みんなのがんばり」を認めてやってほしいのです。
　もし私が保育所、幼稚園に身を置く人間ならば、以上のようなことを語ることには、勇気や自負が必要になります。それは、「みんなでがんばった」という保育を、実際に創り出さなければならないし、またそうしているという前提

エピローグ　　151

がなければ、語れないことばだと思います。

　このようなことを、ある保育所の保護者会でお話ししたときに、会場から次のような感想が語られました。「白石先生のいわれる通りだと思います。わが園ではさっそく来年度からビデオカメラの持ち込みは禁止したいと思います」。

　私のことばが足らなかったのです。「保護者みんなで話し合って」ということに力点を置いたつもりなのですが。「禁止」ということばは使わないまでも、一方が他方を支配する一方向性が、空気のように職場を覆っているのではないか。

　なによりも、「みんなでがんばった」からうれしい。ひとりの成功も「悲しい失敗」も、みんなでがんばって創りあげたという事実があれば、互いに認め合えるのではないか。そういった「認め合う」ことを忘れていく日常が、子どもや親ばかりではなく、子どもにかかわるしごとではたらく私たちをも支配しているのではないか。

　その日常のなかで、子どもの発達のやわらかい部分は、どんな形になっていくのだろうか。そんなことを、「みんなで」、今、考え合わなければいけないのではないでしょうか。

「二分的な評価」をのりこえて

　一人ひとりが切り離され、認め合うことが失われているこの社会は、いろいろなことにおいて、「切り離されている」ことが特徴的だと私は思います。

　子育てにおいて、「ほめて育てる」ことのたいせつさがいわれます。子どもからしても、叱られ通して生きるよりも、ほめられることの方がうれしいのはあたりまえです。しかし、「ほめて育てる」ことに違和感を覚える人もいるでしょう。それは、子どもを大人の期待する姿にするために、「ほめる」ことを手段にしているのではないかという気づきがあるからです。発達に障害のある子どもに対して、「ほめて」適切な行動を引き出し、「ペケ」を書いたカードをみせて「不適切」な行動をやめさせるなどという方法が紹介されますが、それにも違和感を覚える人は少なくないはずです。このような「マル」と「ペケ」

という「二分的な評価」を取り入れることには、その人の外から、その人の思いとは無関係に行動をコントロールしようとするような意図がはたらいているのではないでしょうか。

「強み」ということばが多用され、暗黙に「弱み」が忌避される世のなかになりました。「強み」と「弱み」が切り離される「二分的な評価」が幅をきかせています。大学生たちは、困難な就職活動において、いつも「強み」を願書に書かされ、面接では「あなたの強みは何ですか」と問われつづけます。実は、自分自身の「強み」などは簡単にはみえてこないし、彼らにとって問われている「強み」は、この企業社会のなかで、自分の価値観とは離れて、企業によって評価されるような「強み」でなければならないのです。学生たちが、そのことを知った上で自分の「強み」を探すのは、成人であるとはいえ苦しい作業でしょう。

ほんとうに人には「強み」と「弱み」があって、「強み」が人を活かす道を拓くのでしょうか。私は、むしろ学生たちが自分の「弱み」と向き合いながら、しかし、学ぶことからも進路を切り拓くことからも逃避しないで現実を生きていることに、たいせつな価値が隠れているように思います。あえていうならば、「弱み」のなかにこそ、人としての強さを実感する鍵が隠れているのでしょう。そして、そうやって苦労している仲間を互いに認め合い、力を合わせて困難をのりこえていこうとするような生き方を選んでいってほしいと、学生たちにはねがいます。

「嫌だよな、先生も嫌だよ」

私は毎年、春になると、重症心身障害児施設「びわこ学園」の療育を記録した映画『夜明け前の子どもたち』（第3章参照）を学生とともにみます。園庭にプールをつくろうという目的で、野洲川での「石はこび学習」がとりくまれる場面で、「ウエダくん」が登場します。河原に出かけてきた彼は常に紐を手にしています。指導員はそれを手放させてから、石運びのための缶を持たせようとしますが、その要求を彼は受け入れません。思案した大人たちは、「紐は石

をはこびきってから返してあげるから」と説得するのですが、彼はその駆け引きに強く抵抗します。それほどまでに紐を持ちつづけようとする彼は、そうすることで何かを訴えかけているようでした。

　ついに彼は天を仰いで座り込んでしまいます。私も学生時代、どうなることかと案じつつこの場面をみたものです。しかし、「ウエダくん」はほどなく不承不承の姿でしたが、坂の上まで石の缶を運び上げたのです。

　この映画を何度もみて、やっと私の眼にとまるようになったのは、彼の横で自らも足を投げ出して座り込んだ指導員の姿でした。「嫌だよな、こんなやり方で。先生も嫌だよ」。無言の背中が、そう語りかけているようにみえました。その指導員の心に生まれた変化が、彼に何かのきっかけをあたえたのです。

　そうして彼は立ち上がり、石の入った缶を運びきることができたのです。しかし、場面はそれでは終わりません。河原とは反対方向に歩きはじめてしまった彼に、指導員はねぎらいの気持ちと、おそらく次への期待も込めて紐を渡すのですが、その紐をみるなり彼は怒りはじめます。その怒りは、容易には収まりませんでした。

　この場面をみればみるほど、私は自分自身のことを重ねざるをえず、自らの指導を省みて苦笑してしまいます。「嫌だよな、こんな一方的な教育は」。そう反省しながら、たびたび「あれもこれも」と学生に押しつける自分がおり、教師としての懲りない性を感じてしまうのです。

　実は「ウエダくん」は、「石はこび学習」が終わるまで紐を放すことはありませんでした。しかし、紐を持ちながらも、ひとりの仲間といっしょに缶を持ち、石を運ぶ姿が映し出されます。そのときの彼の心は、はじめて微笑んでいるようにみえました。その笑みは、ほんとうのねがいに到達できた喜びを表現しているようでした。

　紐を振りつづける彼は、石運びを拒否していたのではなく、その価値あるしごとに仲間とともに加わりたかったのでしょう。でも、どうしてよいかわからない。そんな心のなかの矛盾、葛藤を支えてくれたのが、「心の杖」（映画のなかでの田中昌人さんによる解説のことば）としての紐だったのです。

はたらきかけるものがはたらきかけられる

　この文章を書く私は、ことばを道具にして伝えたいことを表現しようとしています。そのように私たちは、常に外界にはたらきかけて、いろいろなものを創り出しています。これを対象的活動というのですが、そのはたらきかけた対象に「私」の個性や人格を込めて、他でもない自分自身の「もの」を創造しているのです。そうやって自らの生命の宿るものを創造していくことは喜びですが、その創造を自分にとっても価値あるものとして享受してくれる「あなた（たち）」、つまり他者がいるならば、二重の喜びとなるでしょう。

　しかし、他者が別個の人格である以上、そこには無関心、否定、拒否、反抗などとなってあらわれる「ずれ」があります。「ずれ」の背後にある他者のねがいを受けとめて、自分に問いかけることなしに、この二重の喜びには至りません。その苦労があるからこそ、また喜びも大きいのであり、そこで創造されたものは、もはや自分だけに属するものではなく、「私とあなた（たち）」が共同で創り出した価値をもっているのです。

　このように広い意味での労働、つまり対象的活動によってものを創る喜びは、その生産物が私のみならずあなたにとって価値があるという意識によって支えられるのです。これはコミュニケーション、つまり意志伝達の関係や手段を獲得することではなく、その関係のなかで創った価値によってこそ、私たちは自己肯定できるということです。

　同じように私たちは、子どもや障害のある人々と向き合います。価値ある技能、文化、人格を身につけてほしいというねがいから発して、さまざまな教材、生活や労働を工夫して、彼らにはたらきかけようとします。そのねがいを受け入れて、彼らが期待通りに振る舞い、変化してくれることは私たちの喜びです。

　しかし彼らは、私たちが用意しはたらきかけたことを、自分にとって意味のあることとして、いつも受けとめてくれるとは限りません。そんなとき私たちは苛立ち、もっと強く彼らに要求したくなります。おそらく、このような苛立

ちは、私たちがかたくなになって、彼らには彼らの発達へのねがいがあることを見失ってしまうときに強くなるのでしょう。

　彼らのねがいをいつでも見抜けるような卓越したまなざしを最初からもっている人などいません。むしろたいせつなのは、独りよがりを自嘲しつつ、謙虚さをもって自己変革していくことです。そういったまなざしになったとき、私たち自身が縛られているものから自由になり、私たちのねがいをわがねがいとして受けとめ、がんばりはじめた子どもの苦労がみえるようになります。そのとき、愛おしく彼らのことを感じられるようになるでしょう。

　つまり、はたらきかける私たちが、彼らによってはたらきかけられているのであり、その共同の過程のなかでこそ、子どもも私たちも、自分を創り変える発達的な自己実現を行い、自己を肯定できるようになるのではないでしょうか。

子どもは自分を２度肯定する

　机上の積木を握り、恐る恐る積もうとする１歳児の姿を想い描いてみてください。すでに彼らはその積木が大人によって用意されたものであり、大人の意図が隠れていることを知っています。だからこそ、その意図を受けとめて失敗するのが怖いのです。怖くて躊躇してしまう子どもに、大人は「きっとだいじょうぶ」というメッセージを込めて、一つひとつ積木を、ゆっくり、そっと手渡してあげたりします。

　そして負けないでがんばって積むことができたとき、「がんばった私をあなたはどう受けとめてくれるでしょうか」という心で、子どもはまなざしを返してくれます。子どものそのがんばりがうれしくて、心からのメッセージを大人も返します。そこに生まれる余韻のなかから、もっとがんばって積んでみようとする「心のバネ」が生まれます。

　しかし不思議です。２歳に近づくと、子どもは一つひとつの共感を求めなくなります。そしてあたえられた積木が全部積めたとき、満足そうにその積木の塔を上から下まで魅入ります。そうしたあとで、大人に称賛を求めるまなざしを向けるのです。そこには、自我を誕生させ自分の「つもり」をもって歩きは

じめた姿があります。

　つまり、子どもは2度自分を肯定するのです。1度目は、不確かな自分への喜びを、わが喜びとして受けとめてくれる他者との共感によって。2度目は、ほかならぬ自分自身の自我のはたらきによって。

　この1歳半の発達の質的転換期には、この段階にとどまらない発達のしくみがみられます。私たちのはたらく喜びがそうであったように、子どももそのことの価値を受けとめてくれる関係のなかで自己肯定し、発達のためのエネルギーをたしかにしていくのです。そして、その共感は、子どもの精神における「独り立ち」を用意しています（**写真30**）。共感とは、ずっと彼らに寄り添うことではなく、人格的自立の日が来ることへの予見を含むべきなのです。

＊

　発達は、このようにねがいの一方向的な実現過程ではなく、はたらきかけるものがはたらきかけられるという関係のなかではぐくまれます。一人ひとりが、私ばかりではないあなたのねがいをたいせつにできる人格に発達していくとき、その共同によって、発達の事実が、もっと広がっていくことでしょう。

　それを知ったとき、残念ながら学校や施設をはじめとする私たちの職場の多くが、一人ひとりの働くもののねがいをたいせつにした場ではなく、上意下達のシステムに規定されていることに気づきます。子どもや障害のある人々に対して真実であろうとする私たちは、このような社会のあり方をも、みんなの力で創り変えていく「大きなねがい」をもって働いていきたいものだと思います。
（「嫌だよな、先生も嫌だよ」以降は、『みんなのねがい』2010年6月号の、白石正久「人と人との間で創りだす発達的自己実現」をもとにしています。）

おわりに

　本書の企画が立った春の日、私は東北新幹線に乗車しており、トンネル内で東日本大震災に遭遇しました。翌日、暗い世界から救出されたときに、白く輝く安達太良山がほんとうに美しくみえました。そのとき、「美しい」と思う自分に、命があることを実感したのです。

写真30 たしかな表象をもちはじめた3歳児。その考える姿、イメージする姿としての表情の変化

それから救援バスのなかではじめて耳にし目にしたことは、私たちがトンネルのなかで経験したことなど、蟻の涙にもならないほどのことでした。
　どんなことばも、悲しむことすら取り上げられてしまっている惨禍(さんか)のなかにある人々には無力です。静かにゆっくり、時とともに癒されますように。そして、十分な生活の糧が、国家の責任と国民の連帯で保障されますように。
　私にできることは、毎日少しずつの、命と幸福をたいせつにする社会を創るための活動です。
　本書で不十分ながら解説した「可逆操作」は、「行き−戻り」の回路をもつことによって、外界を創造し、自分自身を変革していくことのできる操作のことですが、個人の発達において獲得されていくだけではなく、人と人との関係において、一方向性、おしつけを克服し、対等の立場で力を合わせて価値ある事実を創造していくこと、あるいは社会システムにおいて、抑圧や搾取を克服し、政治、行財政、政府、地方自治体、国民・市民が、力を合わせて価値を創造していくことにも貫かれるべきことです。
　個人における可逆操作の発達、人と人の関係、集団における可逆操作の発達、そして社会やその歴史における可逆操作の発達がつながり、個人と集団と社会が、プラスに影響し合いながら発達していく歴史を、困難をのりこえて創りたいとねがいます。
　本書も、そんな思いをもって書きました。編集を担当してくださった全障研出版部の児嶋芳郎さんに感謝申し上げます。

2011年7月15日

白石　正久

＊本書にご協力いただいたみなさん
写真撮影：佐々綾音さん、佐々慶成くん、佐々智子さん。
　　　　　松島奏くん、松島葉さん、松島京子さん。白石恵理子さん。
原稿整理：伊藤愛美さん、片山愛望さん、川野亜友美さん、高橋みず希さん。
　　　　　（龍谷大学大学院白石研究室）

白石正久──しらいし まさひさ

1957年群馬県生まれ。
京都大学、同大学院で学ぶ。
障害のある子どもの発達と教育を専攻。
龍谷大学名誉教授。

主な著書
『発達のなかの煌めき　上──子ども・障害のある人びとの発達』（全障研出版部）
『発達と指導をつむぐ』（全障研出版部）
『発達をはぐくむ目と心──発達保障のための12章』（全障研出版部）
『発達とは矛盾をのりこえること』（全障研出版部）
『発達の扉　上・下』（かもがわ出版）
『発達を学ぶちいさな本──子どもの心に聴きながら』（クリエイツかもがわ）

主な編著書
『新版　教育と保育のための発達診断　上・下』（全障研出版部）

やわらかい自我のつぼみ ── 3歳になるまでの発達と「1歳半の節」

2011年8月15日	初版第1刷発行
2025年8月15日	第12刷発行

著　者　　白石正久

発行所　　**全国障害者問題研究会出版部**
〒162-0801　東京都新宿区山吹町4-7
新宿山吹町ビル5F
Tel. 03(6265)0193　Fax. 03(6265)0194
郵便振替　00100-2-136906
https://www.nginet.or.jp/

印刷所　　株式会社光陽メディア

Ⓒ SHIRAISHI Masahisa, 2011　　ISBN978-4-88134-964-9